PAUL JONAS
HITCHHIKE THE SHOW

Per Anhalter von Vancouver nach NYC
32 Tage • 6400 km • ohne Geld

Bibliografische Information der Deutschen Nationalbibliothek:
Die Deutsche Nationalbibliothek verzeichnet diese Publikation in der
Deutschen Nationalbibliografie; detaillierte bibliografische Daten sind im
Internet über http://dnb.dnb.de abrufbar.

© 2017 Paul Jonas

2. Auflage
Cover: Asser Elnagar, Cairo
Satz: Patrick Schröder, Braunschweig
Weitere Mitwirkende: Kathrin Könner & Tülin Akyürek, Köln

Herstellung und Verlag: BoD – Books on Demand, Norderstedt

ISBN: 978-3-792-3914-9

Für Dich.

Inhalt

KAPITEL 1: KÖLN
    Ich mach' was Anderes   11

KAPITEL 2: VANCOUVER
    Die Idee zur Reise   13
    Der Countdown läuft   18
    Die Ruhe vor dem Sturm   21
    Der erste Tag   25

KAPITEL 3: WASHINGTON
    Aussenseiter   47
    Der weisshaarige, dickbäuchige, alte Mann   53
    Reisen per Anhalter ist sexy!   55
    Pickton Brothers   58
    Abkürzen verboten   64

KAPITEL 4: KALIFORNIEN
    Goldener Wasserhahn   67
    Kayla & Kait   68
    Psychedelic Rock   70
    Golden Gate Bridge   71
    Forever House   72
    Tribal Seeds   74
    Bye bye Forever House   76
    Instagram Date   80
    Ein alter Bekannter   84

KAPITEL 5: NEVADA
    Schlechte Neuigkeiten   87
    Immer Richtung Osten   92

KAPITEL 6: UTAH
- Kältetod — 95
- Denver, ich komme! — 97

KAPITEL 7: COLORADO
- Union Station — 101
- Entspannt in Denver — 103
- Tailgating — 104
- Halbzeit — 106
- Na geht doch! — 109

KAPITEL 8: NEBRASKA
- Achterbahn — 113
- Alles wird gut — 118

KAPITEL 9: IOWA
- Roadtrip mit Maria — 121
- Iowa City — 126

KAPITEL 10: ILLINOIS
- Chicago, here I come — 129
- Fox News, die Zweite! — 132
- Ein ganz normaler Tag in Chicago — 134
- Nordpol oder Chicago? — 137
- Tick Tack Tick Tack — 139

KAPITEL 11: OHIO
- Extrem Couchsurfer — 145
- Save my ass — 147
- Morning Show — 150

KAPITEL 12: PENNSYLVANIA
- Next Stop: Pittsburgh — 153
- Pittsburgh by bike — 158
- Up & down — 159
- Philadelphia — 168

Rocky Balboa   169

KAPITEL 13: NEW YORK
Der Countdown läuft   173
Speed Dating mit Gary   178
Meine Frage an Gary   184
Der Plan   185
Die #AskGaryVee Show   188
Was danach geschah   190

– KAPITEL 1 –
KÖLN

ICH MACH' WAS ANDERES

Es war ein ganz normaler Tag in meinem Kölner Büro, als ich einen Anruf von meiner Mutter bekam. Ganz begeistert erzählte sie mir von einem Artikel, den sie in der Lokalzeitung gelesen hatte. Von einem Stipendium, das unter dem Motto *Ich mach' was Anderes* ausgeschrieben war, wurde berichtet. Wert: 10.000 €. Bewerbungsschluss: am gleichen Tag. „Ach Mutter…", dachte ich mir und speiste sie mit Floskeln ab. Ich hatte unglaublich viel zu tun und war mit den Gedanken noch in meiner Firma. Da war kein Platz für ein Stipendium. Die Vorstellung, dass ich mit meinem 3,4er Abi ein Stipendium bekommen würde, war komplett absurd. Als ich später gedanklich doch noch einmal auf das Telefonat zurückkam, fand ich die Idee meiner Mutter, mich zu bewerben, gar nicht so schlecht. Das Motto *Ich mach' was Anderes* passte zu diesem Zeitpunkt perfekt zu mir und verlangt wurde gar kein grandioser Abiturschnitt, sondern lediglich ein Bewerbungsvideo mit einer Länge von einer Minute. „Pah! Das Stipendium tüte ich ein!", dachte ich mir. Dass ich nur noch sechs Stunden bis zum Einsendeschluss hatte, nicht annähernd ein Konzept für mein Bewerbungsvideo und zu dem Zeitpunkt nicht einmal studierte, war in dem Moment nicht so wichtig. Eine meiner größten Stärken kam mir in diesem Moment gerade recht: Mir fällt es sehr leicht unter Zeitdruck einen kühlen Kopf zu bewahren und in kürzester Zeit einen Plan aufzustellen, um das gesetzte Ziel zu erreichen. Nach einem kurzen Brainstorming stand der Plan für mein Video: 15 Sekunden kurze Vorstellung, 15 Sekunden bebilderter Einblick in mein Leben und 30 Sekunden um den Zuschauer auf meine Seite zu ziehen. In den nächsten sechs Stunden filmte ich unzählige Takes der einzelnen Segmente, stellte mich, bevor ich es merkte, gefühlt zehnmal mit meinem falschen Alter vor und war überrascht, wie komisch es war vor einer Kamera zu stehen, selbst wenn man komplett alleine war. Um dem Motto *Ich mach' was Anderes* gerecht zu werden, unterstrich ich die zehn Jobs, die ich mit meinen 21 Jahren damals schon durchlebt hatte und mein Hobby des Fallschirmspringens. Für den Schluss entschied ich mich für ein abgewandeltes Zitat von Timothy Ferriss, das beim Zuhörer Emotionen auslösen sollten: „Egal was Dir jemand sagt, Lehrer oder Eltern, mach genau das, worauf Du Bock hast! Denn die Chancen, dass Du Dir mit 67 Jahren einen Kaffee aus der Rentenkasse leisten kannst, sind weitaus geringer, als dass Du etwas Großartiges auf die Beine stellst, wenn Du die nächsten 47 Jahre genau das machst, worauf Du Bock hast!". Das Video war geschnitten. Mir blieben noch zehn Minuten bis zum Einsendeschluss. Schnell die Datei auf Vimeo hochgeladen und den Link per Mail abgeschickt - fertig!

Kurz darauf wurde meine Bewerbung aus hunderten Einsendungen zum Gewinner Video gekürt. Ende September kam ich in Vancouver, Kanada an, um als Stipendiat mein erstes Semester BWL an der Capilano University zu starten. Was ich mit dem Antritt dieser Reise losgetreten hatte, war mir zu diesem Zeitpunkt nicht im Geringsten bewusst. Ein bisschen Studentenluft schnuppern stand auf dem Plan. Einquartiert bei einer siebzigjährigen Oma, die mir als Gastfamilie vermittelt wurde. Ohje!

– KAPITEL 2 –

VANCOUVER

DIE IDEE ZUR REISE

Mittlerweile war das Semester im Norden von Vancouver fast beendet. Es muss irgendwann im November gewesen sein, als ich mich fragte, was ich wohl mit den verbleibenden zwei Monaten anfangen sollte, bevor mein Flug zurück nach Deutschland ging. Ich hatte das Glück, dass ich meinen Rückflug nicht von Vancouver aus buchen musste. Die Organisation AIFS, die mein Stipendium finanzierte, gab mir komplette Planungsfreiheit, sodass ich meinen Rückflug auf den 25. Februar 2016 legen konnte. Abflughafen: San Francisco. Im Kopf hatte ich von vornherein, dass es nicht gleich zurück nach Deutschland, zurück in meine Firma, zurück in mein Leben gehen würde. Ich wollte die Gelegenheit nutzen, mehr aus der Reise mitzunehmen, als ein Semester BWL, welches mich komplett unterfordert in Vancouver dahinvegetieren ließ. Was also tun, von Mitte Dezember bis Ende Februar? Amerika stand mir offen. Verschiedene Ideen flogen durch meinen Kopf.

Die erste Möglichkeit war die, mit der ich im Hinterkopf meinen Rückflug von San Francisco ausgehend gelegt hatte. Vor ein paar Jahren war ich schon einmal in Kalifornien gewesen. Genauer gesagt in dem kleinen Örtchen Lodi. Da gibt es neben einem Wal-Mart nicht wirklich viel zu sehen. Nicht einmal ein Taxi fand man in dem Ort. Der örtliche

Sheriff musste uns damals einen ortsansässigen alten Mann organisieren, der immer mal wieder gestrandeten Touristen half von A nach B zu kommen. Eine persönliche Sensation hatte Lodi für mich jedoch zu bieten. Mit dem Parachute Center war es die Hochburg für Fallschirmspringer. Mein persönliches Mekka sozusagen. Bei einer meiner vorherigen Reisen, damals wurde ich gerade 17, hatte ich in Südafrika während eines Schüleraustauschs das Fallschirmspringen als Sportart kennengelernt.

Jetzt wirst Du Dich wahrscheinlich fragen: Fallschirmspringen? Sportart? Da macht man doch nur einen Tandemsprung, wenn man sich traut und das war's. Das dachte ich damals auch. Recht schnell habe ich jedoch die eher unpopuläre Seite, dieser als Extremsport bezeichneten Aktivität, kennengelernt. Da springen Menschen tatsächlich mehrmals am Tag aus dem Flugzeug. Nicht weil sie die Tollkühnen der heutigen Zeit sind, die einen Adrenalinkick nach dem Anderen suchen. Nein. Ganz im Gegenteil. Der Sport ist eher mit Turmspringen zu vergleichen. Nur eben mit etwas mehr Zeit in der Luft und einem dramatisch wirkenden Absprung aus dem Flugzeug. Was Lodi nun so besonders für mich machte? Hier tummelten sich die Stars der Szene. Hatte ich mir zumindest sagen lassen. Viel interessanter für mich war allerdings, dass ein Sprung in diesem Mekka nur schlappe 15 Dollar kostet. In Gedanken versunken sah ich mich schon mein Zelt auf einer der Wiesen am Sprungplatz aufschlagen und meinen Schlafsack ausrollen. Ich hielt inne. „Moment mal!", unterbrach ich mich selbst. „Dezember bis Februar sind die kältesten Monate im Jahr".

An dieser Stelle muss ich kurz einwerfen, dass ich rein aus meiner damaligen Erinnerung schreibe. Ob es sich bei dem genannten Zeitraum meteorologisch wirklich um die kältesten Monate handelt, wusste ich damals nicht und weiß ich auch heute nicht. Zurück zu meinem Selbstgespräch am besagten Novembertag. Kälte bedeutete bei meinem Vorhaben das Gegenteil von Spaß. Wenn es auf dem Boden kalt ist, ist es in 4000m Höhe arschkalt! Da spürt man sein Gesicht und seine Finger nicht mehr. „Warum habe ich da nicht vorher drüber nachgedacht?", fragte ich mich enttäuscht. Schließlich hatte ich mich auf die Zeit in Lodi seit meinem ersten Besuch im Jahr 2015 tierisch gefreut. Bevor sich Selbstmitleid breitmachen konnte, suchte ich lieber nach einer Alternative. Mindestens 20 Grad sollten es sein. Gegen eine schöne Umgebung aus der Vogelperspektive hatte ich auch nichts einzuwenden. Sprünge am Meer bildeten zu diesem Zeitpunkt meine schönsten Erinnerungen in diesem Sport. Kapstadt, ganz unten in Südafrika, war hier mein bisheriges Highlight. Google Earth musste mir weiterhelfen. Wo war es denn schon warm in Amerika, im Winter!? Kaum schaute ich auf die Karte, wurden meine Augen groß: Hawaii liegt östlich von San Francisco. Gar nicht weit entfernt. „Da wird es warm sein. Ist ja schließlich DAS Paradies", redete ich mir ein. Über einen atemberaubenden Ausblick machte ich mir auf der Trauminsel keine Sorgen. Je tiefer ich gedanklich in die Idee von Hawaii eintauchte, desto stärker wurde eine innere Stimme die sich zu Wort meldete. „Ist es wirklich das, was du dir für die nächsten zwei Monate vorstellst? Faul am Strand liegen, eine Kokosnuss nach der anderen ausschlürfen und Tag für Tag den Absprung in die Tiefe machen?".

Rückblickend kam die Begierde nach mehr wohl daher, dass ich während des Auslandssemesters in Sachen Kreativität und aktivem Handeln ein wenig eingestaubt war. Die Oma, bei der ich einquartiert wurde, war für mich, als extrem selbstständigen Menschen, ein Albtraum. Die Uni hatte von mir bei passablen Ergebnissen ein Mindestmaß an Anwesenheit verlangt und von der Arbeit hatte ich mich während meiner Abwesenheit in Deutschland komplett zurückgezogen. Mir war, glaube ich, seit sehr langer Zeit das erste Mal wieder langweilig. Etwas Unbekanntes musste her. Etwas Aufregendes. Etwas, das mich herausfordern sollte! Im Hinterkopf begleitete mich in diesem Moment eine Reise, die mein Studienfreund Thorin Loeks vor kurzem absolviert hatte. 3700 Kilometer mit einem Kanu von Kanada bis zum Golf von Mexiko - alleine. Wow! Damals, als ich Gedanken Pingpong über meine noch freien zwei Monate gespielt habe, war mir die Verbindung zu Thorins Abenteuer und meinem aufkommenden Verlangen nach einem Abenteuer gar nicht präsent. In der Retroperspektive wirkte sie jedoch glasklar. Während ich langsam merkte, dass Hawaii wohl nicht das Ziel meiner Reise werden sollte, zog es meine Gedanken nach New York City. Ich war noch nie in dieser in Hollywood Filmen beworbenen Metropole gewesen. Die Stadt interessierte mich enorm und zog mich quasi magisch an. „New York City. Da will ich hin!", dachte ich und meine Augen müssen gefunkelt haben. Aber Moment mal. In den Flieger steigen, um zwei Monate an einem Fleck festzusitzen - magische Anziehung hin oder her - das war nichts für mich. Das hatte ich bei der Hawaii Idee schon abschließend für mich geklärt.

Da kam mir aus dem Nichts eine Idee: „Ich reise per Anhalter von Vancouver nach New York City!" Die Abenteuerlust übermannte mich und ich steigerte mich in meine Idee hinein. Per Anhalter von Vancouver nach New York City. War das machbar? Wie weit ist das überhaupt?

Mein guter Freund Google wurde zu Rate gezogen. 6400 Kilometer ist die Strecke in etwa lang, inklusive Zwischenstopp in San Francisco. Um die Entfernung in einen zeitlichen Rahmen packen zu können, überlegte ich mir, dass ich wohl 200 Kilometer pro Tag ohne größere Probleme schaffen könnte. Das sind in Deutschland zwei bis drei Stunden mit dem Auto. Wenn es hart auf hart kommen sollte und ich mal stundenlang niemanden finden würde, der mich mitnahm, reichte mir am Abend einer der verrückt genug war, einen durchgeknallten Deutschen mit sich fahren zu lassen. Vorausgesetzt er würde nicht nach zehn Kilometern stoppen. Ich teilte die 6400 Kilometer Strecke durch 200 Kilometer pro Tag und kam auf 32 Tage. Perfekt! Bei zwei Monaten Zeit, die ich zur Verfügung hatte, sollte mein Vorhaben möglich sein.

Es vergingen ein paar Tage in denen ich mal mehr, mal weniger über meine baldige Reise nachgedacht habe. Es juckte mich in den Fingern. Ich wollte mein Vorhaben nicht nur aus Interesse durchziehen, ich wollte mich selbst herausfordern, mich selbst an meine Grenzen treiben. Eine Gratwanderung zwischen möglich und unmöglich begehen. Als ich über die verschiedenen Möglichkeiten nachdachte, auf die Schwierigkeit des Reisens per Anhalter noch einen drauf zu setzen, erschien es mir plötzlich ganz logisch, dass ich die Reise komplett ohne Geld durchziehen würde. Nicht nur kein Geld für Transportmittel. Gar kein Geld. Für nichts. Nicht für Nahrung. Nicht für Unterkünfte. Für gar nichts. Den Drang zu erleben, wie es wohl ist nichts zu haben, verspürte ich schon seit längerer Zeit. Schuld daran waren hauptsächlich zwei Gründe.

Der Erste: Bisher war ich immer in der glücklichen Lage gewesen, mir das kaufen zu können, was ich wollte. Ich rede nicht von einem Lamborghini Gallardo und einer Traumvilla. Ich meine die Dinge, die zu dem Leben, welches ich lebte, ganz natürlich passten. Das Smartphone, welches ich gerne haben wollte. Den Flatscreen-TV, den ich glaubte zu brauchen oder das Mittelklasse Auto, welches ich gerne fahren wollte. Schon mit zehn Jahren fing ich an zu arbeiten und kannte es somit nicht wirklich so gar kein Geld zu haben und auf Alltägliches verzichten zu müssen. Im Starbucks zu stehen und mit gesenktem Kopf rauszugehen, weil man merkt, es reicht nicht für einen Kaffee. So komfortabel es sein mag in dieser finanziell sicheren Lage zu sein, so wertvoll erschien es mir, die Kehrseite kennen zu lernen. Wie sollte ich sonst den Kaffee, den ich nicht mal trinke, schätzen lernen, wenn er das Selbstverständlichste auf der Welt war?

Der Zweite: Seitdem ich im Sommer 2014 meinen Job bei der Lufthansa an den Nagel gehängt hatte, bin ich selbstständig. Täglich dem Risiko ausgesetzt, dass mir ein ungeahntes Ereignis den Boden unter den Füßen wegreißt und ich auf der Straße sitze. Das klingt weitaus dramatischer als es sich in Wirklichkeit für mich anfühlt. Aber ganz realistisch betrachtet, war das die Situation in der ich mich damals befand. Hier und da hatte ich ein paar kleine Projekte mit denen ich ein wenig Geld verdiente. Der Möbelhandel, den ich zusammen mit einem meiner besten Freunde Jonas vor gut einem Jahr eröffnet hatte, lief langsam aber sicher an. Tatsächliche Sicherheit jedoch: Fehlanzeige. Bevor es also potentiell hart auf hart kommen könnte, dachte ich mir, warum nicht bewusst in den gefürchteten Abgrund stürzen und nachforschen, wie es ganz am Boden wirklich aussehen würde. Wie fühlt es sich denn nun wirklich an, wenn man sich nicht kaufen kann, was man gerade begehrt? Wie ist das wohl, wenn man nicht einfach ein Taxi rufen kann, wenn es draußen regnet und man frierend auf den Bus wartet, der mal wieder nicht kommt?

Diese Fragen wollte ich mir durch das Reisen ohne Geld beantworten. Mein nächster Einfall sollte mich am stärksten herausfordern. Ungemütlich sollte es durch die bevorstehende Kälte werden. Abhängig würde ich sein, da ich zu 100% auf die Hilfe fremder Menschen zählen musste. Mein Ego sollte durch die fehlende finanzielle Freiheit gehörig einen vor den Latz bekommen. Wäre es nicht wunderbar, auch noch ein persönliches Ziel umgesetzt zu bekommen, dachte ich mir. Ein hochgestecktes Ziel, welches mir bei Erreichen ein unglaubliches Erfolgsgefühl geben würde. Und dieses Ziel habe ich gefunden: Bei Ankunft in New York

City in die *#AskGaryVee Show* vom millionenschweren Gary Vaynerchuk eingeladen zu werden.

Da du dich, solange du dich nicht mit Persönlichkeitsentwicklung und Unternehmertum auseinandersetzt, berechtigt fragen wirst, wer Gary Vaynerchuk sein soll und was es mit der *#AskGaryVee Show* auf sich hat, möchte ich ein wenig Kontext geben. Gary Vaynerchuk ist Investor in Twitter, Snapchat, Uber und vielen weiteren Firmen. Das Weingeschäft seines Vaters hat er innerhalb von fünf Jahren von drei Millionen Dollar Umsatz auf 60 Millionen Dollar Umsatz ausgebaut. Mittlerweile ist er CEO einer der am stärksten polarisierenden Digital Marketing Agenturen der Welt: *VaynerMedia*. Zu seinen Kunden gehören Größen wie Dove, Spotify, Budweiser und Pepsi. Das Mark Zuckerberg Teil seines Freundeskreises ist, verwundert kaum. In seiner YouTube Show #AskGaryVee beantwortet er Fragen aus seiner Online Community zu allem rund um das Thema Unternehmertum. Als physisch vor Ort sitzende Gäste in seiner Show hatte er zu diesem Zeitpunkt nur eine Hand voll bekannter Persönlichkeiten, wie Casey Neistat, zu Gast. Mein Ziel war es, ebenfalls Gast in der Show einer meiner größten Vorbilder zu werden. Wie ich das anstellen wollte? Ich hatte keine Ahnung.

DER COUNTDOWN LÄUFT

Mental bin ich ein unglaublich entspannter Mensch. Sehr wenige Dinge wühlen mich so richtig auf oder lassen mich nachts nicht schlafen. So kam es, dass ich mir bis Mitte Dezember kaum weitere Gedanken zu meinem Vorhaben machte. Vor allem dachte ich keine Sekunde an Vorbereitungen, an die ich besser hätte denken sollen. Last Minute, wie ich es meistens tue, überlegte ich mir, was ich wohl brauchen würde, um die Reise durch Amerika zu absolvieren. Im nächsten Moment fand ich mich in einem Skype Gespräch mit meinem Kumpel Jonas wieder, der vor kurzem erst von einer sechsmonatigen Backpacking Reise durch Indien zurückgekehrt war. Er sollte mir die wichtigsten Tipps mit auf den Weg geben. Ein paar Minuten später war ein kleiner abgerissener Zettel in Krakelschrift mit den Dingen vollgekritzelt, die ich über die nächsten zwei Wochen besorgen musste.

Einen Backpack mit dem wichtigsten Kleinkram hatte Jonas zu dem Zeitpunkt ungenutzt in Deutschland rumliegen. Da meine Freundin ein paar Tage später zu mir nach Vancouver zu Besuch kam, brachte sie mir die Sachen einfach mit. Besser konnte es nicht laufen! Für mich blieb neben ein paar kleineren Besorgungen, wie einem Fast-Dry Handtuch, Panzertape und einer Taschenlampe, nur noch der wichtigste Einkauf übrig: warme Kleidung und der wärmste Schlafsack, den ich finden konnte. Hier wusste ich von Anfang an: Es wird nicht gespart. Welche Temperaturen ich zu erwarten hatte und wo es mich überhaupt hin verschlagen würde, war gleichermaßen unbekannt. So ging es geradewegs in den nächsten North Face Store auf der Haupteinkaufsstraße Vancouvers, Granville Street. Voll ausgestattet kam ich gefühlte drei Stunden später voller Vorfreude darauf, dass es endlich losgehen würde, wieder aus dem Geschäft.

Mit im Gepäck:

Wollmütze
Handschuhe
Daunenjacke
Skiunterwäsche
Snowboard Hose
GORE-TEX Schuhe

Kostenpunkt für alles: 1500 Dollar. „Leck mich am Arsch! So eine Reise ohne Geld ist teurer als ich dachte." Ging es mir durch den Kopf, als ich mich auf den Weg zurück in mein warmes Apartment machte. Schon bald sollte ich dieses gegen einen weitaus ungemütlicheren Ort, nur ein paar Meter weiter, eintauschen. Mein Apartment in Downtown Vancouver war mittlerweile gekündigt und der Tag meiner Abreise stand fest, der 23. Dezember 2015. Bevor jedoch die eigentliche große Reise Richtung New York City starten sollte, hatte ich mir noch ein ganz anderes Abenteuer zum Einstieg vorgenommen. Ein ganz ruhiges und zurückgezogenes aber in keiner Weise weniger herausforderndes. Dazu aber später mehr.

Es war der 20. Dezember, als ich noch allerhand offene Punkte auf meiner Checkliste hatte. Das Apartment musste übergeben werden. Die letzten Einkäufe für mein Reiseequipment waren nötig. Mein Gepäck für die Zeit in Vancouver musste irgendwie zurück nach Deutschland. Ein Video, in dem ich mein Vorhaben vorstelle, sollte fertig werden und neben unzähligen anderen Dingen auf der ToDo-Liste, musste ich mir zu allem Überfluss auch noch eine Idee aus dem Ärmel schütteln, um meine Familie an Weihnachten nicht als ganz bedeutungslos dastehen zu lassen. Um ehrlich zu sein war mir jedoch zu diesem Zeitpunkt nichts mehr egal, als eine Weihnachtsfeier zu Hause, bei der am Ende doch jährlich immer das gleiche passierte. 72 Stunden vor meiner Abreise saß ich also vor einem riesigen Haufen Aufgaben, die es noch zu erledigen gab. Die Backpfeife, die ich mir durch meine Last Minute Mentalität selbst verpasst hatte, saß. Um alles pünktlich zu schaffen, machte ich über die nächsten drei Tage kein Auge zu. Ob ich beim nächsten Mal besser planen würde? Auf keinen Fall. Einen Tag bevor ich diese Zeilen schrieb, habe ich ein Zitat in Ben Horowitzs *The Hard Thing About Hard Things* gelesen:

> „Do you know the best thing about Startups? You only ever experience two emotions: euphoria and terror. And I find that lack of sleep enhances them both."

Für meine Situation hätte ich die These direkt unterschrieben. Je mehr Stunden sich ohne Schlaf aneinander reihten, desto mehr steigerte ich mich in einen Rausch aus Wahnsinn, Euphorie und Fokus. Mit einem Tunnelblick wurden alle Punkte der Checkliste abgearbeitet und meine Vorfreude auf die in Kürze startenden 42 Tage Abenteuer hielt mich wach. Zum Glück hatte ich eine gute Freundin bei mir, die ich in Vancouver kennen gelernt hatte. Luisa war vor allem eine große Hilfe, um einen kleinen Trailer zu meiner Reise zu drehen. Damit ich Chancen darauf bekam, in die *#AskGaryVee Show* zu kommen, brauchte ich Aufmerksamkeit. Die galt es online in Social-Media-Kanälen zu kriegen. Um das zu schaffen musste ich Lärm erzeugen und dafür brauchte ich einen Trailer. So einfach war das. Müdigkeit hin oder her. Ich konnte schließlich nicht in New York City auftauchen und sagen „Hallo Gary, ich bin der Paul. Du weißt nicht wer ich bin, das liegt daran, dass ich ein wenig müde war, aber darf ich mich zu dir in deine Show gesellen?" Im hohen Bogen hätte er mich vor die Tür gesetzt. Nein, so läuft das nicht! Jetzt hieß es also, die komplette Reise-Montur anziehen, Video Szenen drehen, ausziehen, wieder anziehen, nochmal drehen, Fotos machen, durch die Stadt laufen, um coole Szenen einzufangen und danach noch ein einigermaßen passables Ergebnis zusammenschneiden. Während mir vor dem Laptop die Augen zufielen, lag Luisa längst auf dem Sofa in eine Decke eingewickelt und schwebte in einer ganz anderen Welt. Ich war völlig im Eimer. Zu diesem Zeitpunkt war ich seit ca. 45 Stunden wach und auch die Euphorie konnte mich nicht mehr antreiben. Es war sechs Uhr morgens, als ich, im wahrsten Sinne des Wortes, fertig war. „Fuck!", schoss es mir durch den Kopf. Die Weihnachtsnummer musste noch erledigt werden. Mit kaum noch einem Funken Energie in mir, setzte ich meine beste Miene auf und schaltete die Kamera an. Was genau ich erzählt habe, weiß ich nicht mehr. Fakt ist aber, mit meinem Video konnte ich die ganze Familie erreichen und keinen mit leeren Händen dastehen lassen. Das hatte schon bei meiner Südafrika Reise 2013 fantastisch funktioniert. In drei Stunden sollte mein Abenteuer beginnen. In dem Moment, als ich den Link zu meinem Weihnachtsvideo per E-Mail an alle aus meiner Familie abgeschickt hatte, sank ich auf meinem Stuhl zusammen und schlief ein.

DIE RUHE VOR DEM STURM

Schon lange bevor ich die Idee zu meiner Reise nach New York City hatte, hatte ich mich entschieden, an einem zehn Tage Vipassana Kurs teilzunehmen. Anmelden musste ich mich. Und um einen Platz bangen. Ich stand nur auf der Warteliste. Für Frauen war der Kurs sogar schon komplett ausgebucht. Die Zusage kam zu meiner Freude ein paar Tage vor Kursbeginn. Nach knapp drei Stunden Schlaf, nach meinem 45 Stunden Marathon, saß ich im Auto von Van, einem anderen Kursteilnehmer, auf dem Weg zu meinem Vipassana Kurs in Merritt, knapp 300

Kilometer außerhalb von Vancouver. Vipassana ist eine indische Meditationsart, die weltweit in verschiedenen Zentren gelehrt wird. Der Einsteigerkurs dauert zehn Tage. In dieser Zeit werden jegliche Kommunikation und äußere Einflüsse abgestellt. Im Klartext heißt das: Kein Smartphone. Kein Fernsehen. Kein Buch. Auch kein Körperkontakt. Kein Sprechen. Nicht mal Augenkontakt. Leichter wäre es aufzuzählen was *erlaubt* ist: zehn Stunden Meditation am Tag und geballte Konzentration auf sich selbst. Um ganz ehrlich zu sein, hatte ich vor den bevorstehenden zehn Tagen mehr Angst, als vor meinem Aufbruch ins Ungewisse ohne Geld. Aufbrechen wollte ich direkt nach meinem Meditationskurs aus Merritt am 03. Januar 2016. Dass ich Weihnachten und Silvester im Schweigen verbringen würde, ist mir erst sehr spät aufgefallen.

Gegen Mittag sind wir an dem verschneiten Dhamma Surabhi angekommen. So heißt das Meditationszentrum. Mittlerweile wieder energiegeladen und voller Neugierde was mich erwarten würde, wurde ich schnell auf den Boden der Tatsachen zurückgeholt, als ich einem der Organisatoren die Hand reichen wollte. Sprechen war zu diesem Zeitpunkt noch erlaubt. Körperkontakt gefiel dem ruhigen Mann jedoch gar nicht. Am ersten Tag, oder vielmehr am *Day 0*, wie er auch genannt wird, gab es eine Einweisung darüber, was genau wir über die nächsten Tage erleben würden und wie das Zentrum aufgebaut war. Alle offenen Fragen wurden geklärt. Schließlich sollte sich jeder schon bald für zehn Tage eigenständig zurechtfinden ohne zu fragen, wo denn das Bad oder ein Salzstreuer zu finden wären. Nach einer Videoeinführung des Lehrers Goenka, der weltweit unzählige Vipassana Zentren aufgebaut hat, wurde das Schweigen eingeläutet und zur Bettruhe gerufen. Um 4:30 Uhr sollte es am nächsten Morgen losgehen.

Der Gong schlug. Das hallende Geräusch, das durch die Gänge zu mir drang, fühlte sich angenehm an. Der Gong schlug erneut. Dieses Mal klang er näher und intensiver. Wie eine Einladung aufzubrechen. Der Raum in dem ich mich befand war stockdunkel. Ich richtete mich in meinem Doppelstock Bett auf und versuchte kein Geräusch von mir zu geben. Ich griff nach dem Wichtigsten: Duschkram, Socken, Hose, Handtuch. Der Gong hatte mittlerweile ein drittes Mal geschlagen und neben mir bewegten sich die anderen, mir unbekannten Gestalten. Leisen Schrittes bewegte ich mich aus dem Zimmer, über den langen Flur und bog einmal links ab. Die Fenster boten einen Blick nach draußen. Alles war voll mit Schnee, komplett unberührt. Keine Fußabdrücke, keinerlei Spuren von Bewegung - nur Schnee und Wald. Mir kamen auf dem Weg mehrere Teilnehmer entgegen. Jeder war für sich und niemand sonst existierte. Lediglich die wandelnden Körper wurden wahrgenommen. Ich wusste, dass die nächsten zehn Minuten nur für mich sein würden. Kurz die Gedanken sammeln, bevor ich ins Ungewisse springen und mich meiner Angst stellen würde. Ich fühlte mich unglaublich wohl und geborgen an diesem Ort und in dieser Situation, in der ich mich langsam zu finden begann. Klodeckel hoch und hingesetzt, die nächsten zehn Minuten waren nur für mich.

Die nächsten Tage waren unglaublich intensiv. Intensiv durch die Schmerzen vom stundenlangen starren Sitzen, bis zu Erleichterung, wenn der Gong eine der zweistündigen Meditationssitzungen für beendet erklärte und ich mich wieder bewegen durfte. Durch die geballte Willensstärke, den eigenen Geist in Zaum zu halten, um bewegungslos und ruhig dazusitzen. Durch die bittere Wut gegen mich selbst, wenn ich durch Bewegung aus der Hitze, die sich in mir anbahnte, versuchte zu entfliehen. All das nur um später zu begreifen, dass es nicht darum ging jemandem und vor allem nicht mir selbst zu beweisen, dass ich zwei Stunden stillsitzen könnte. Nein, darum ging es nicht. Ausziehen musste ich mich vor mir selbst um mit mir selbst in Einklang zu kommen. Ohne Ego, welches einen besser dastehen lassen wollte als die Anderen. Welche Anderen überhaupt, wenn man nur allein mit sich selbst war?

Mit den Empfindungen und Gefühlen, die einen bei so einer intensiven Erfahrung durchströmen, könnte man vermutlich ein eigenes Buch füllen. Dafür brennt es mir aber viel zu sehr unter den Nägeln, die eigentliche Geschichte zu erzählen. Nur meine zwei größten Lehren, die ich aus Vipassana mitgenommen habe, will ich an dieser Stelle noch teilen.

Falsche Motivation: Mit der Motivation stillzuhalten ging ich in den Vipassana Kurs. Ich glaubte es ginge darum, den kompletten Zeitraum einer Sitzung regungslos zu verharren. Egal wie sehr es innerlich in einem tobte. Das schaffte ich auch erstaunlich gut, dafür, dass ich bisher kaum Meditationserfahrung hatte und einer der unsportlichsten Menschen war, den ich zu diesem Zeitpunkt kannte. (Das ist übrigens auch heute noch so, die Vergangenheitsform lässt es allerdings nicht so vernichtend klingen.) Extreme Schmerzen kann es mitunter verursachen, über lange Zeit in einem Schneidersitz zu verharren. Das erfuhr ich vor allem von anderen Kursteilnehmern nach Ablauf der zehn Tage. Damit kam ich jedoch, obwohl komplett ungedehnt, erstaunlich gut zurecht. Volle zwei Stunden konnte ich teilweise ohne jegliche Bewegung dasitzen und mehr oder weniger tief in der Meditation versinken. Als dann am fünften Tag jedoch von dem betreuenden Lehrer gesagt wurde, man solle doch mal versuchen, mindestens eine Stunde regungslos zu bleiben, nahm mein Erfolg, dass mir vorher selbst gesetzte Ziel von zwei Stunden Regungslosigkeit zu erreichen, rapide ab. In diesem Moment merkte ich, dass es nicht meine eigene Motivation war, die komplette Dauer einer Sitzung von zwei Stunden ohne Bewegung zu meistern, sondern die Motivation aus der Annahme heraus kam, dass man dies von mir erwarten würde. In dem Moment, als die geglaubte Erwartung herabgestuft wurde, brach meine *Performance* zusammen. Als wichtige Lektion nahm ich für mich mit, immer zu hinterfragen, was genau ich aus eigener Motivation und Überzeugung tue und was ich tue, nur weil ich glaube, es würde von mir verlangt werden.

Perspektivenwechsel: Wenn der Kopf auf einmal keinen Input mehr bekommt, versucht er um jeden Preis etwas zu finden, an dem er sich aufhalten kann. In meinem Fall wurde das einer meiner Zimmernachbarn, der ein Hochbett weiter schlief. Nie machte er die Tür zu. Das hatte die Folge, dass die Tür bei jedem Windzug ins Schloss fiel und ein metallenes Geräusch von sich gab. Während der Meditation bewegte er sich ständig. Wechselte seine Stellung und ging von auf dem Boden sitzend auf einen Stuhl über. Verließ den Raum während der Meditationszeit. Ging auf unser Zimmer und ließ die Tür klicken. Während ich mich nicht nur komplett ablenken und von meiner eigenen Meditation abbringen ließ, verfluchte ich ihn. Hasste ihn kurzweilig. Natürlich nicht auf die Weise, dass ich ihn umbringen wollen würde. Aber schon so, dass ich wünschte, er würde den Kurs abbrechen, damit ich endlich meine Ruhe haben würde. „Was will der denn hier, wenn er immer zu die Sitzungen unterbricht, morgens im Bett liegen bleibt und mich und bestimmt auch jeden Anderen aus der Ruhe bringt?", fragte ich mich. Ich steigerte mich von Gelegenheit zu Gelegenheit immer mehr in die Ablehnung herein. Das ständige Türklicken machte mich wahnsinnig. Am letzten Tag des Kurses durften alle Teilnehmer miteinander sprechen und Erfahrungen austauschen. Im Gespräch mit meinem so verhassten Zimmernachbarn erfuhr ich, dass er an chronischen Rückenschmerzen leidet, immer ein Zappelphilipp war und sein Leben lang mit etwas rumspielen musste. Bis vor kurzer Zeit konnte er nicht einmal ruhig auf einem Stuhl sitzen. Diese neuen Informationen, die ich auf einmal hatte, ließen ihn für mich in einem ganz anderen Licht dastehen. Ich hatte unglaubliche Achtung davor, dass er die vollen zehn Tage absolviert hatte. Wer hatte hier nun wirklich einen Erfolg erzielt? Der, der sich über zehn Tage in einer für ihn unvorstellbaren Situation beherrschen konnte oder der, der sich, frei von allen Lastern, hatte ablenken und in eine Wut hineinsteigern lassen? Die Antwort lag klar und ernüchternd auf der Hand. So groß ich mir auch Toleranz mit Edding auf die Stirn schrieb, so stark merkte ich durch diese Erfahrung auch, dass ich noch so einiges zu lernen hatte. Der Vipassana Kurs war eine unglaubliche Erfahrung für mich, die ich jedem empfehlen kann.

DER ERSTE TAG

Es war der 03. Januar 2016. Wie an den vergangenen Tagen erklang der Gong um 04:30 Uhr. 10 Tage waren vorbei. Die letzte Meditation fand von 5 Uhr bis 7 Uhr statt. Sie war freiwillig. Ach was. Freiwillig war doch ohnehin alles. Es war mir jedoch ausdrücklich freigestellt, ob ich nochmal meditieren wollte oder nicht. Ich wollte. Meine eigene Motivation hatte es verlangt. Der Gong hatte mittlerweile das Ende der letzten Sitzung geschlagen. Leisen Schrittes begab ich mich aus dem Saal, über den langen Flur, vorbei an meinem Zimmer und bog einmal links ab. Die Fenster boten einen Blick nach draußen. Alles war voll mit Schnee, komplett unberührt. Keine Fußabdrücke, keinerlei Spuren von Bewegung - nur Schnee und Wald. Mir kamen auf dem Weg mehrere Teilnehmer entgegen. Jeder war für sich und niemand sonst existierte. Lediglich die wandelnden Körper wurden wahrgenommen. Ich wusste, dass die Zeit für mich nun abgelaufen war. Der letzte Gong gab nämlich auch die Erlaubnis, wieder zu sprechen. Ich wollte in diesem wohligen Gefühl verharren. Geborgen im Schweigen, setzte ich mich an ein Fenster mit Blick auf den Schnee. Ich wollte nicht sprechen und zögerte mein erstes Wort solange hinaus, wie es nur ging. Erst nach ca. 30 Minuten wurde ich von meinem holländischen Zimmernachbarn angesprochen: „How are you?", war seine Frage, die meinen Vipassana Aufenthalt beenden sollte und den Startschuss für #HitchhikeTheShow setzte. Es war Tag eins von 32. Mein Abenteuer startete in diesem Moment.

Van, einer der Teilnehmer der mich vor eineinhalb Wochen auf der Fahrt nach Merritt mitgenommen hatte, bot mir auch die Rückfahrt nach Vancouver an. Im Gegensatz zur Hinfahrt unentgeltlich. Die 400 Dollar, die ich in diesem Moment noch im Portemonnaie hatte, sollten ab sofort keinen Wert mehr für mich haben. Draußen waren es -22°C. Van rettete mir mit der Fahrt nach Vancouver zu Beginn direkt mal meinen Arsch. Das fühlte sich für mich zwar nicht wirklich so an, weil ich schon vor zehn Tagen wusste, dass er mich mitnehmen würde, bei den Temperaturen an der Straße mit ausgestrecktem Daumen stehen zu müssen, stellte ich mir jedoch grausam vor. Das Auto war beladen. Alles was ich für den nächsten Monat glaubte zu brauchen, war in meinem Backpack zusammen geschnürt - wir fuhren los. Raus aus diesem fernab von der lauten Zivilisation gelegenen Meditationszentrum. Quer durch ein traumhaftes Schneeparadies, wie ich es zuvor noch nie gesehen hatte. Die komplette Umgebung war knietief mit Schnee bedeckt. Die Idylle unterbrach ich, in dem ich zu meinem Handy griff. Nach zehn Tagen Isolation wollte ich mich dem Regen an Neuigkeiten hinwerfen. Vor allem aber interessierten mich die Reaktionen auf mein Vorhaben. Den Trailer, den ich noch in Vancouver fertigbekommen hatte, schickte ich noch vor dem Vipassana Kurs an Jonas, der mir schon bei der Einkaufsliste für mein Gepäck geholfen hatte. Er sollte das Video auf meiner Facebook Seite posten, um den besten Zeitpunkt mitzunehmen, an dem die meisten meiner Freunde und Follower online waren. Auch ein zur Reise passendes neues Titelbild und Profilbild waren schon vorbereitet, um meinem Facebook Profil ein Facelift zu verpassen und meine Timeline zur Präsentationsfläche dessen zu machen, was ab diesem ersten Tag

VANCOUVER 27

passieren sollte. Das Handy war an, Jonas hatte seinen Job gemacht. Die ersten Reaktionen prasselten auf mich ein.

▶ Hier geht es zum Video: www.hitchhike-the-show.de/Teaser

Die Autofahrt war die reinste Reizüberflutung für mich. Wir waren zu viert im Auto. Gespräche über das Erlebte waren in vollem Gange. Nachrichten aus Deutschland prasselten über das Handy auf mich ein. Immer stärker werdender Verkehr, je näher wir Vancouver kamen. Hektische Menschen von allen Seiten. Die 10 Tage, die ich der Realität entflohen war, erschienen mir wie eine halbe Ewigkeit. Als ob ich für Wochen in einer anderen Welt gewesen wäre und in dem Moment den Weg zurück in die Zivilisation beschritten hätte. Verrückt. In dem Moment verstand ich jedoch, warum Teilnehmer, die für Monate in einem Vipassana Zentrum bleiben, irgendwann eine Zwangspause verordnet bekommen. Der Ein oder Andere kam scheinbar nicht mehr auf die Realität klar, nachdem er Tag ein Tag aus nur mit sich selbst, seinen Gedanken und der suggeriert friedlichen Welt verbrachte.

Angekommen in Vancouver ging es zunächst in Vans vegetarisches Restaurant, welches er mir zeigen wollte. Irgendetwas funktionierte noch nicht so, wie es sollte. Nach einem kurzen Tee ging es in ein anderes Restaurant um die Ecke. Van lud mich ein. Dass ich an meinem ersten Tag der Reise nicht verhungern würde, war also schon gesichert. Zurück unter Menschen und vollgeschlagenem Bauch bot Van mir an, mich abzusetzen, wo immer ich wollte. Nettes Angebot. Aber wohin wollte ich eigentlich? An meinen Schlafsack, der bisher nicht zugestellt worden war, wollte ich! Ohne diesen konnte ich Vancouver nicht verlassen und die Reise starten. Online hatte ich mir zusammen mit einer Fleece Jacke einen North Face Schlafsack bestellt, der bis zu minus 29°C warm halten sollte. Genau das Richtige, um nicht zu erfrieren, wenn ich mal draußen schlafen musste. Der Schlafsack war aber nicht da. Weil ich anstatt meiner Apartmentnummer, nur eine Hausnummer bei der Bestellung angegeben hatte, ging das Paket an den Absender zurück. Die fehlende Apartmentnummer reichte ich kurz vor meiner Abfahrt nach Merritt ein und hoffte, dass ich nun ohne Probleme an das Paket käme. Von einer Hotline zur anderen telefonierte ich mich durch. Die gute Nachricht:

Das Paket lag in Vancouver in einem Lotto Shop zur Abholung bereit. Die schlechte Nachricht: Der Laden hatte geschlossen - es war Sonntag. Als Deutscher würde man sich jetzt denken: Das ist doch klar, dass man an einem Sonntag nicht zur Post gehen kann. In Amerika (und dem Rest der Welt) haben die Geschäfte jedoch oft auch am Wochenende geöffnet. Mein Plan Vancouver zu verlassen und es am ersten Tag über die Grenze in die USA zu schaffen, war gescheitert. Ich musste die Nacht in der Stadt bleiben, in der ich die letzten vier Monate verbracht hatte. Ohne Ziel im Kopf ließ ich mich von Van nahe der Waterfront (der Hafenbereich einer Stadt) absetzen. Von dort konnte ich gut jeden Ort der Stadt erreichen, der mir als neues Ziel hätte einfallen können.

Aus dem Auto raus und kurz verabschiedet. Nun stand ich da. Mit allem was ich fernab von zu Hause besaß, in einen Rucksack geschnallt. Im Winter auf der Straße: Planlos.

Neben mir saß ein Obdachloser auf dem Bürgersteig. In der Nähe lag Hastings Street. Dort wimmelte es von Obdachlosen. Nicht wie man aus Deutschland gewohnt ist, Menschen ohne Geld, die nach ein paar Euro betteln, aber im Großen und Ganzen zivilisiert aussehen. Auf Hastings Street sind die Leute komplett zerschossen. Welche Drogen die in sich haben, keine Ahnung. Auf jeden Fall wandeln da Leute rum, denen man nicht begegnen will. Der Mann neben mir war nicht zerschossen. Eher ein *Deutschland Bettler*. Mit einem Becher vor sich versuchte er ein paar Münzen von den Passanten zu kriegen, die aus dem Supermarkt vor ihm kamen. Ich fragte, ob ich mich zu ihm setzen durfte. Ohne Geld, Essen und Dach über meinem Kopf fühlte ich mich zu ihm hingezogen. Wir saßen für diesen Moment gewissermaßen im selben Boot. Im Gespräch erzählte ich ihm von meinem Vorhaben. Kurz darauf wurde ich von ihm für verrückt erklärt. Damit hatte ich nicht gerechnet. Ein Schulterzucken hätte ich viel eher erwartet. Meine Freunde aus der Uni und aus Deutschland erklärten mich für verrückt. Das konnte ich nachvollziehen. Aber ein Obdachloser, der sich selbst Tag für Tag durchschlagen musste, das fand ich verrückt. Im Gespräch über alles Mögliche erzählte er mir, dass er nur ein paar Dollar am Tag zum Überleben bräuchte. Wie viel genau es war, weiß ich nicht mehr. Unter 10 Dollar waren es aber auf jeden Fall. Interessiert hörte ich ihm zu und hoffte insgeheim auf ein paar Tipps für mich selbst. Ich hatte schließlich einen Experten neben mir sitzen. Beeindruckt hat es mich, dass er sagte, dass er immer nur solange nach Geld bettelte, bis er auf den Betrag kam, den er für den Tag brauchte. Danach machte er Schluss für den Tag. Feierabend quasi. Oft brauchte er dafür nur ein paar Stunden, manchmal den ganzen Tag. Ob er einfach mit dem zufrieden war, was er zum Überleben brauchte oder ob er sich selbst aufgegeben hatte und es ihm eigentlich dreckig ging, habe ich nicht herausgefunden. Einen für mich brauchbaren Tipp gab es aus dem Gespräch leider auch nicht. Das Gespräch war jedoch sehr angenehm und ich war froh, dass er mich bei meinem Schritt aus dem Auto ins Ungewisse quasi willkommen geheißen hatte.

Es muss gegen Mittag gewesen sein. Es war kalt draußen. Besser würde ich mich schnell um einen Schlafplatz kümmern, dachte ich mir. Der Schlafsack für den Notfall, der in dieser Nacht drohte einzutreten, war schließlich noch nicht an Bord. So machte ich mich von der Waterfront auf den Weg entlang Granville Street, der Haupteinkaufsstraße in Vancouver. Auf meinem Weg durch die Straßen kam ich auch an dem North Face Store vorbei, bei dem ich einen Großteil des Equipments kaufte, welches ich nun an mir trug. Ski Unterwäsche im Wert von ca. 100 Dollar hatte ich bei meinem Großeinkauf geschenkt bekommen, als ich von meiner Reise erzählte. Ich ging also kurz in den Laden und unterhielt mich mit der Verkäuferin, die mich vor zwei Wochen beraten hatte. Sie wünschte mir viel Glück und es ging weiter entlang Granville Street. Beim Blick durch die Straßen fiel mir das Straßenschild von Davie Street ins Auge. Das war die Straße der Postfiliale, in der ich am nächsten Tag meinen Schlafsack abholen wollte. Grundsätzlich unterstelle ich Call Center Mitarbeitern eine gewisse Inkompetenz. Vor allem nachdem ich für acht Monate bei der Lufthansa am Telefon gearbeitet hatte und wusste, wie ernst viele ihren Job nahmen. Auch wenn die Filiale angeblich geschlossen haben sollte, machte ich mich auf den Weg zu Hausnummer 732. „Ha! Doch Geöffnet! Call Center kann man alle in die Tonne kloppen!" dachte ich mir und betrat den Kiosk, der auch Pakete abfertigte. Ganz hinten im Raum saß ein junger Mann am Postschalter. Ich legte die Sendungsnummer von meinem Paket auf den Tresen und fragte, ob die Sendung da wäre. Die Sendung war da. Das System war allerdings am Sonntag zentral ausgeschaltet. Obwohl das Paket zum Greifen war, konnte er es mir nicht geben. Ich müsse bis zum nächsten Morgen warten und wiederkommen, sagte er. Der Call Center Mitarbeiterin Unrecht getan, ging ich mit einem gut sitzenden Dämpfer zurück ins Kalte. Ohne Idee wo ich schlafen könnte holte ich mein Handy raus und schrieb intuitiv die beiden Personen an, von denen ich mir die größten Chancen erhoffte, aufgenommen zu werden: Meinen Freund Calvin Ramsson, den ich im Studium kennengelernt hatte und Amanda, die ich kennen gelernt hatte, als ich eine andere Freundin vor ein paar Wochen bei Starbucks abgeholt hatte. Nach ein paar Minuten war klar, die beiden konnten mich nicht aufnehmen. Calvin war gerade im Ausland unterwegs und zu Amanda war die Beziehung noch nicht groß genug, als dass sie mich bei ihr schlafen lassen würde. „Du versuchst es Dir gerade richtig einfach zu machen!", dachte ich mir und erinnerte mich, dass ich eine Herausforderung haben wollte. Raus aus dem organisierten einfachen Leben, in dem man wenig für den Luxus tun musste, den man täglich hatte. So entschied ich mich bei der Schlafplatzsuche keinen Kontakt aus Vancouver zu nutzen, sondern ins kalte Wasser zu springen. Übers Tellerwaschen wollte ich mir nun einen Schlafplatz erarbeiten. Ich wusste, dass es ein paar Hundert Meter weiter eine Hand voll Backpacker Hostels gab. „Perfekt! Die finden meine Story bestimmt cool und nehmen mich auf.", dachte ich mir und stapfte los. Mein erster Versuch ging in die Hose. Man konnte mir leider nicht weiterhelfen, aber Gegenüber sollte ich mal mein Glück probieren. Da könnten meine Chancen besser aussehen, sagte mir die Mitarbeiterin am Empfang. Zehn Minuten später wurde ich das zweite Mal an diesem Tag für verrückt erklärt. Die Mitarbeiterin im Hostel Gegenüber zerschmetterte meinen Optimismus, ohne Probleme in einem Backpackers einen Schlafplatz zu finden mit den Worten „Nobody is going to let you work for a place to sleep. That is forbidden by law. And no one is going to just let you sleep at their place anyway." Wow. Damit hatte ich nicht gerechnet. Nach einer kurzen Diskussion in der ich den Vorwand, dass es verboten wäre mir einen Schlafplatz zu geben, hinterfragte, ging es zurück nach draußen. Mir ging es nicht darum nicht zu akzeptieren, dass sie mich nicht aufnehmen wollten. Mir ging es darum sie offen dafür zu machen, was ich vorhatte. Schließlich stand ich nicht in einem vier Sterne Hotel, sondern einem Backpackers, wo genau solche Vögel wie ich täglich auflaufen. Auf Granville Street kam nicht mehr viel. Andere Backpackers in der Gegend kannte ich nicht. Die großen Hotels wollte ich auch nicht ausprobieren und dachte mir „Wenn Scheiße fressen, dann richtig!".

Vor ein paar Wochen war ich mit Luisa, einer Freundin aus dem Studium, nachts in der Innenstadt von Vancouver unterwegs. Es war nicht wirklich was los an dem Abend, sodass wir, *Wenn ich Du wäre…* gespielt haben. Bei *Wenn ich Du wäre…* geht es darum den Satz mit etwas zu vervollständigen, was man tun würde, wäre man der Andere. Nachdem man die Aufgabe absolviert hatte, durfte man dem Anderen eine Aufgabe stellen. Naturgemäß der Sache schaukelte man sich im Verlauf des Spiels mit immer verrückter und peinlicher werdenden Sachen hoch. Wir fingen ganz langsam mit Sachen an wie, „Wenn ich Du wäre, würde ich jetzt auf das Bushaltestellenhäuschen klettern" oder „Wenn ich Du wäre, würde ich in einen voll besetzten Bus steigen und lauthals allen Fahrgästen Frohe Weihnachten wünschen". Im Verlauf des Abends musste Luisa einem Passanten seine Bommel Mütze klauen, in einem Hotel um Asyl bitten und wie ein Krebs eine Menschenmenge umkreisen. Ich musste einen Mann, der gerade aus einer Scientology *Kirche* kam, fragen, ob ich sein Sixpack anfassen durfte, ein Mädel, die gerade mit Ihrem Freund unterwegs war, nach einem Date fragen und bei einem Straßenmusiker, der am Rappen war, ans Mikrofon treten und mein Bestes geben. Genau diese Aufgabe sollte mir bei der Suche nach einem Schlafplatz für die Nacht helfen. Einen Schlafplatz durch rappen wollte ich mir nicht organisieren, dafür war ich viel zu schlecht.

▶ Hier geht es zur Rap Einlage: www.hitchhike-the-show.de/Rap

Nein, es ging um den eigentlichen Rapper dieses Abends. Als wir nach meiner Rap Einlage mit dem jungen Mann noch ein paar Stunden durch die Straßen gezogen sind, haben wir erfahren, dass er auf der Straße lebte. So sah er gar nicht aus. Mit Ghetto Blaster, Mikrofon und eigenen CDs ausgestattet habe ich ihn in einem Apartment in der Stadt gesehen. Ohne Hintergedanken haben Luisa und ich uns damals seinen Schlafplatz zeigen lassen: Eine Obdachlosenunterkunft. Schon immer haben mich Dinge interessiert, die geheimnisvoll sind. Mystifiziert sind. Über die man nicht spricht. Dinge, fernab der Norm. So lag der Entschluss, ohne eine Sekunde darüber nachzudenken, fest:

Ich schlafe in seiner Obdachlosenunterkunft. Wie ist das wohl ohne Geld, wenn man einfach nichts hat und sich nicht mal einen Kaffee bei Starbucks leisten kann? Die Antwort zu dieser Frage, die mich unter anderem zu meiner Reise motivierte, sollte ich in dieser Nacht finden. Ich erinnerte mich daran, dass die Unterkunft, die ich letztes Mal bei Nacht besucht hatte, ganz am Ende von Granville Street war, mit ein paar Abbiegungen. Beladen mit meinem Backpack ging ich los. Mittlerweile war es am Dämmern. Wenn man mich ablehnen würde, hätte ich spätestens in diesem Moment ein Problem gehabt. Würden sie mich ablehnen? Auf dem Weg kam ich an meinem alten Studio Apartment vorbei. Ein einzelnes großes Zimmer mit großer Glasfront. Ich konnte meinen Balkon sehen. Vor wenigen Wochen habe ich von dort aus noch den Rapper begrüßt, der abends immer mit seinem Ghetto Blaster vorbei schlenderte. Die Nachbarn verfluchten ihn. Ich freute mich und grüßte. Wie ironisch es war, dass ich nun seine Rolle einnahm und hochschaute. Die Obdachlosenunterkunft war nur ein paar Meter weiter. Am Ende der Straße einmal auf die andere Seite und in einen kleinen Weg, hinter einem dieser rot weißen Verkehrsabgrenzungs-Plastik-Klötze vorbei. Schon aus ein paar Metern Entfernung konnte ich Menschen hören. Draußen war ein großes, weißes Zelt aufgebaut. So eins, wie man es oft auf Bierfesten sieht. Von dort kamen die Geräusche. Als ich um das Zelt herum in Richtung Eingang zu der Unterkunft trat, sah ich die ersten Leute. In einem Halbkreis standen ein paar Männer. Drei oder vier müssen es gewesen sein. Ein anderer lag auf dem Boden und krümmte sich. Komplett weggeschossen. Der krümmte sich mit verzerrtem Gesicht und zog seine Nase hoch. Reste von dem, was er sich gerade reingezogen haben musste, klebten noch an seiner Nase. Wer die Serie Breaking Bad gesehen hat und sich an das Geräusch erinnern kann, welches Tuco machte, als er das erste Mal Crystal Meth von Mr. White probierte, kann sich in etwa ausmalen, was für ein Geräusch der Typ vor mir auf dem Boden von sich gab. Als ich vorhin über die völlig zerheizten Menschen von der Hastings Street gesprochen habe, meinte ich genau so einen Menschen. Die anderen waren mehr oder weniger Herr ihrer Dinge. Sie standen aufrecht und unterhielten sich. Die Situation war erschütternd bizarr für mich. Ich hatte mich selbst zuvor bis zum Absturz besoffen und in den Schlaf gekifft. Auf Techno Partys sieht man gezwungener Maßen Pillen und

Pulver aus Tütchen in wandelnde Körper wandern. Das ist allerdings immer mehr oder weniger zivilisiert von statten gegangen. Da konnte man nicht von Drogenleichen sprechen. In diesem Moment war es anders. Ich hatte die Negativseite von Drogen vor mir und fragte mich, ob es die richtige Idee war, an diesen Ort zu kommen. Bestimmt 10 Minuten muss ich in Gedanken mit mir selbst dagestanden haben, während ich die Situation beobachtete und kein Wort von mir gab. Ich hatte keine andere Wahl und mein Interesse, das Unbekannte zu erforschen, war nicht schwächer geworden. Ich sprach die stehenden Männer in der Runde an. Die schienen zurechnungsfähig. Waren sie am Ende aber doch nicht. Auf meine Fragen, wie das denn dort genau ablaufen würde und wie man an einen Schlafplatz kommen würde, konnte mir keiner eine konkrete Antwort geben. Stattdessen wollte mir einer erzählen, dass er professioneller Fallschirmspringer wäre. Mit Wingsuits durch die Wolken flog und die verrücktesten Stunts in der Luft machte. Das kam mir in diesem Moment allerdings sehr gelegen. Da ich selbst seit fünf Jahren in dem Sport war, war das für mich die perfekte Möglichkeit, um mit ein paar gezielten Fragen herauszufinden, ob mich der vermeintliche Fallschirmsport Matador kompetent bei meiner suboptimalen Wohnsituation beraten könnte. Nach zwei Fragen, die ich ihm auf den Sport bezogen stellte, war klar, den konnte man genauso in der Pfeife rauchen wie das, was sich der Typ auf dem Boden reingezogen hatte. Ein Hochstapler, der sich sein Wissen aus ein paar YouTube Videos zusammengesammelt hatte. Kurz darauf erschien ein junger Typ, mit Fahrrad. Der war ziemlich frisch im Kopf und schien eine Art Anführer zu sein. Zumindest respektierten die Anderen ihn und er bewegte sich normal und orientiert. „Hey, how does it work to get a room here?", fragte ich ihn. Er antwortete nur kurz bevor er hastig in die Unterkunft eilte. Am Ende des Schlafsaals sollte ich einen Tisch finden, an dem ich mich melden sollte. Ich ging ein paar Schritte zu der schweren weißen Stahltür und trat in den dunklen Eingang ein. Links abbiegen und ein paar Stufen nach oben musste ich. Ich hatte einen kleinen Flur vor mir. Der war beleuchtet. Sehr ruhig war es. Keine lauten Gespräche, keine Musik, kein Fluchen oder Grölen, welches ich erwartet hätte. Es war angenehm ruhig. Vor mir lag ein riesiger Schlafsaal mit Doppelstock- und Klappbetten. Wie bei der Bundeswehr oder in Auffanglagern für Flüchtlinge. Rechts von mir war etwas, dass aussah wie eine Essensausgabe. Ähnlich wie in einer Kantine. Dahinter verbarg sich eine Großküche. Ganz am Ende des Schlafsaals konnte ich den Tisch sehen. Ganz langsam und vorsichtig bewegte ich mich zwischen den Betten entlang. In der Hoffnung den Rapper zu entdecken, ließ ich meinen Blick im Vorbeigehen über die Betten wandern. Wenigstens einen Menschen an diesem Ort zu kennen, könnte nicht schaden, dachte ich mir. Der Rapper war nicht da. Ich hatte den ganzen Raum, mit Platz für 30 Leute, bis zur anderen Seite durchlaufen. Bis zu dem Tisch. In Wirklichkeit waren es mehrere Tische, die, wie ein L gestellt, in der hinteren linken Ecke des Raumes einen Bereich abgrenzten. Im gedimmten Licht erkannte ich zwei junge Frauen. Ich erwartete Mitarbeiter der Stadt oder Sozialarbeiter, die für die Organisation zuständig waren. Die beiden sahen allerdings eher so aus, als würden sie selbst in der Unterkunft nach Obdach suchen. Zwei Frauen vor mir zu haben, war mir in diesem Moment allerdings mehr als Recht. Ich hatte das Gefühl, dass zugedröhnte Männer weniger berechenbar seien, als diese zwei Mädels, die zumindest freundlich aussahen. „Hey…", grüßte ich die beiden verunsichert. „Hey.", kam von den beiden zurück, ohne dass mir wirklich Aufmerksamkeit geschenkt wurde. Einen Kundenservice wie im Hotel konnte ich dort nicht erwarten. Hätte ich mir aber auch denken können. „Ehm… I am looking for a place to sleep for tonight. Can you help me out?", fragte ich die beiden. „Sorry. We are full.", kam als Antwort zurück. „Scheiße. Nicht mal in der Obdachlosenunterkunft kann ich pennen?", ging es mir durch den Kopf. So schnell wollte ich mich nicht geschlagen geben. Einen Plan B gab es für mich nicht. Ich war in diesem Moment mindestens bei Plan F angelangt und hätte mir vor ein paar Stunden nicht mal träumen lassen, dass ich in einer Obdachlosenunterkunft um einen Schlafplatz kämpfen müsste. Gehörte wohl zu der Erfahrung dazu. Diese Grube hatte ich mir selbst gegraben. Nur mit Ehrlichkeit konnte ich in diesem Moment punkten. Mir war es wichtig, dass die beiden wussten, dass ich nicht wirklich bedürftig war. Zumindest nicht in der Art wie es die sind, die normalerweise um einen Schlafplatz bitten würden. So erzählte ich meine Geschichte. Dass ich ohne Geld auf dem Weg nach New York City war, für die nächsten 32 Tage keinen Cent in die Hand nehmen wollte und dass ich wirklich keinen Schlafplatz für diese Nacht hatte. Interesse kam bei den Mädels auf. Ich durfte in das *L* treten und mich auf einen wackligen Bürostuhl setzen. Die Wand links im Raum war vor mir. Mit Kreide war *EMERGENCY* zusammen mit einer Telefonnummer daran gekritzelt. Daneben eine Uhrzeit für die Nachtruhe. Für die Essensausgabe und alles Mögliche andere. Vergleichbar mit den vollgeschriebenen Verkleidungen über der Essensausgabe in einem Vapiano Restaurant. Nur tausendmal weniger glamourös. Wir unterhielten uns, die Mädels wurden mir sympathisch und lockerten auf. „You can stay the night. If you want to, we can lock your stuff away. Just give 'em to us.", sagte eine der beiden. Moment mal. Das mit dem Schlafplatz sind gute Neuigkeiten. Aber meine Sachen rausgeben? Ich hatte Laptop, Kamera, Handy, meine Jacke und alles andere, was ich brauchte, dabei. Alles, was ich auf diesem Kontinent besaß, trug ich bei mir. Die Sachen einschließen, schön und gut. Aber wer mich so direkt ansprach und mir dieses *Angebot* aufs Auge drückte, der konnte doch nichts Gutes im Schilde führen. Die Nummer stank gewaltig. Apropos Gestank, den würde man an so einem Ort erwarten. War aber gar nicht so. Duftmäßig war alles in Ordnung. Ich zerbrach mir eher den Kopf darüber, was ich ab jetzt machen würde. Einen Schlafplatz hatte ich. Sollte ich meinen Backpack neben mich legen und bewachen? Keine Option! In einem Raum mit 40 Menschen, die sich über ein paar neue Schuhe freuen würden, die ich an den Füßen trug, hätte ich genauso gut meine Habseligkeiten verschenken können. Da klang Wegschließen um einiges sicherer. Warum um Himmels Willen sollte ich den beiden jungen Frauen vertrauen? Die hatten doch selber nichts und sahen nicht so aus, als ob es ihnen besonders gut gehen würde. So saß ich da und suchte einen Ausweg aus diesem riesigen Dilemma. Bestimmt 20 Minuten blieb ich auf meinem Stuhl sitzen. Ein paar Wortbrocken vielen zwischendurch. Meine Gedanken sprangen kreuz und quer. „Nichts wie weg hier, die nehmen mich aus!", „Schlaf draußen, in einer Bahnstation.", „Wenn meine Sachen weg sind, ist die Nummer gelaufen, dann habe ich am ersten Tag verkackt.", „Wer sagt überhaupt, dass die mich bestehlen, nur, weil die nichts haben?". Der letzte Gedanke ließ mich innehalten. Noch nie wurde ich beklaut in meinem Leben. Die Gesellschaft und die Medien sind es doch, die einem suggerieren, dass man jeden Moment einen mit dem Knüppel drüber kriegt, wenn man sich in ärmlichen und runtergekommen Gegenden aufhält. Ging es bei der Reise nicht darum, mit Vorurteilen zu brechen und zu sehen wie es wäre, wenn ich nichts hätte? Genau darum ging es. In diesem Moment wurde mir noch etwas viel Wichtigeres klar: Wenn ich nicht vertrauen konnte, hätte ich den Trip in diesem Moment abbrechen können. 32 Tage in Abhängigkeit von anderen Menschen überleben, das geht nur mit Vertrauen. Meine Entscheidung war gefallt. „Okay. I gonna stay for the night. Where can I put my stuff?", fragte ich die Mädels. Der Raum ging noch ein bisschen weiter nach hinten, über einen breiten Flur, in dem noch mehr Betten standen. Eine große Stahltür befand sich vor uns. Mit zwei großen Schlössern dran. „Only we have the keys for this room.", sagte eine der beiden. Als die Tür offen war und ich einen Blick in die kleine Kammer werfen konnte, war ich erleichtert. Der Ghettoblaster des Rappers stand direkt vor uns. Das waren gleich zwei gute Nachrichten. Die Erste: Der Rapper konnte nicht weit sein. Die Zweite: Wenn er seinen Ghettoblaster einschließen ließ, konnte man den Mädels wohl vertrauen. Meinen Backpack stellte ich ganz nach hinten in eine Ecke. So unscheinbar wie möglich, war der Plan. Mein Laptop kramte ich aus dem Rucksack. Da lugte das Mädel um die Ecke und sagte, „You can leave your computer, don't worry." „Fuck man. Das stinkt doch!", läuteten meine Alarmglocken. Ihre Worte gefielen mir ganz und gar nicht. Das Laptop nahm ich erstmal mit, ich wollte nochmal nach draußen und ein paar Sachen online erledigen. Die Stahltür ging zu. Doppelt verriegelt. „Wenn das mal gut geht", dachte ich mir und atmete tief durch. Gegen 23 Uhr sollte ich zurück sein. Drei Stunden hatte ich in etwa Zeit. Mit meinem Laptop in der Hand ging es zurück auf die Straße. Gegenüber von meinem alten Apartment war ein Starbucks. Starbucks heißt gratis W-Lan. Genau das brauchte ich in diesem Moment. Kurz der Welt entfliehen. Die Gedanken per Facebook nach Deutschland treiben lassen. Aufgehoben in Chats mit Freunden, Likes und Kommentaren zu meinem Trailer. Die friedliche Welt einsaugen und die bevorstehende Nacht ausblenden.

Über die nächsten drei Stunden blieb ich im warmen Starbucks sitzen und vollendete, neben einer Menge belanglosem Zeugs, einen Tagesbericht für Facebook und Instagram. Täglich wollte ich hier für alle, die meine Reise verfolgten, ein Update hochladen, mit allem was passiert war. Verlinkt habe ich Gary, in der Hoffnung, dass er auf mich aufmerksam werden würde. Es war kurz vor 23 Uhr. Zeit den Starbucks zu verlassen und zurückzugehen. Ich wusste noch gar nicht wo genau ich schlafen würde. Eigentlich waren alle Betten vergeben, wurde mir gesagt. Die Frage sollte sich allerdings noch schnell genug beantworten. An der Ecke vor der Unterkunft blieb ich unter einem bedachten Vorsprung stehen.

Während meines Studiums habe ich an den Wochenenden die Nächte in *Gorg-O-Mish* durchgefeiert, dem einzigen Techno Club in Vancouver, der bis morgens geöffnet hatte. An einem Abend wurde ich von einem gefühlt 20 Zoll großen Handydisplay auf höchster Helligkeitsstufe geblendet. Das geht gar nicht! Als selbsternannter Retter der Party legte ich demonstrativ meine Hände über das Flutlicht. Dass das Handy zu einer attraktiven Frau Anfang 20 gehörte, hatte natürlich nichts mit meinem Einsatz zu tun. Wir kamen ins Gespräch und es stellte sich heraus, dass Tanzy als Promoterin in dem Club arbeitete. Kurzerhand wurde ich dem halben Team vorgestellt und hatte eine grandiose Nacht mit bebender Musik. Meiner Größe von zwei Metern habe ich es wohl zu verdanken, dass ich ein paar Nächte später von den bei *Gorg-O-Mish* engagierten Fotografen für ein paar Shots für den neuen Trailer eingefangen wurde. Das erfuhr ich allerdings erst später. Ich dachte damals es würden normale Fotos gemacht werden. Als ich eines Morgens zerknautscht in den Aufzug zum Ausgang stolperte, grüßte mich ein Mann mit Hut und Vollbart. Ich glaube mich daran zu erinnern, dass ich ihn ein paar Mal hinter dem DJ Pult gesehen hatte. Vor mir stand Siavash Ashrafinia, Manager und Resident DJ des Clubs. Kurz darauf war ich als Promoter engagiert, bekam kostenlosen Eintritt inklusive Gästelistenplätze für Freunde und war von nun an jede Freitag- und Samstagnacht mit von der Partie. Als sich die Pforten an meinem letzten Abend im Club schließen sollten, machte Siavash eine Durchsage: „We have a very special guest tonight. It's my friends Pauls last night with us before he is going to hitchhike to New York City. Let's give him a great goodbye party!". Um mich herum zum Techno bebende Körper, die applaudierten. Die Party ging noch gut zwei Stunden weiter und als letztes legte Siavash einen Track auf, dessen Namen ich vor mehreren Wochen versucht hatte von ihm zu erfahren, nachdem er ihn bereits gespielt hatte. Damals wusste er nicht genau was ich meinte. Scheinbar wusste er das jedoch ganz genau. In Trance ließ ich mich zur Musik treiben und versank in einem der schönsten Momente, die ich in meinem Leben je hatte. Das Siavash über die letzten Wochen zu einem meiner besten Freunde geworden war, wurde mir in diesem Moment so klar, wie die Nacht in Vancouver, als ich an der Ecke vor der Obdachlosenunterkunft unter einem Vordach stand. Ich holte mein Handy heraus, stöpselte die Kopfhörer in meine Ohren und machte den Track aus der besagten Nacht an. Für die nächsten Minuten ließ ich mich von der Musik treiben.

▶ Hier geht es zu dem Song: www.hitchhike-the-show.de/Song

Als ich zum Eingang der Unterkunft gelangte, stand dort niemand mehr. Selbst der sich krümmende Obdachlose war weg. Vielleicht rollte der nun woanders herum. So fühlte sich der Gang schon besser an. Ich ging zurück zum Tisch, ließ mein Laptop einschließen und war gespannt, wie es nun weitergehen sollte. In diesem Moment entdeckte ich den Rapper auf einem der Betten liegen. „Na geht doch! Doch nicht alleine hier!", dachte ich und ging zu ihm rüber. „Man sieht der scheiße aus. Was ist denn mit dem passiert?", war mein nächster Gedanke. Sein Gesicht war vereitert. Die Haut übersät mit Pocken. Wie Schuppenflechte sah das schon aus. Er freute sich mich zu sehen und erzählte, dass er für ein paar Tage im Krankenhaus war. Genauer fragte ich nicht nach. Die anderen beobachteten mich seit meiner Ankunft misstrauisch. Ich wollte nicht zu viele Fragen stellen und kein Aufsehen erregen. Eigentlich hatte ich vor, das Geld was ich bei mir trug dem Rapper zu geben. Er wollte seine Musik groß rausbringen, neue CDs pressen lassen, sich ein neues Mikrofon kaufen. Als ich ihn allerdings so daliegen sah, warf ich die Idee über Bord. Der war genauso am Arsch wie die anderen. Trotzdem ein lieber Kerl. Nebenan hörte ich jemanden über mich reden. Er fluchte: „What is this shit? Why is he here? He can get a Hostel! What the fuck?", war in etwa das, was ich heraushören konnte. Um die 30 war er und sportlich gebaut. Er hatte vollkommen Recht mit dem was er sagte. Was machte ich hier? Ein Anfang zwanzigjähriger, der mit neuen Klamotten, Smartphone und prall gepacktem Backpack in eine Obdachlosenunterkunft kommt und sich interessiert umschaut. Ich hätte wahrscheinlich genauso reagiert und mich gedanklich zum Mond gejagt. Woher sollte er auch wissen, was ich vorhatte und dass ich nicht zum Gaffen da war. Ich hielt es für die beste Idee, für kein Aufsehen zu sorgen und mich zurückzuziehen. Ein freies Bett hatte ich noch nicht entdecken können. Es schien ja auch keins zu geben. Die beiden Mädels hatten hier die Hosen an, die würden mir schon sagen wie der Hase läuft. Ein paar Minuten später sollte ich einer der beiden folgen. Zurück in Richtung Eingang, zu dem Flur im Eingangsbereich der zu der kantinenähnlichen Ausgabe bei der Küche führte. Ein paar Stufen weiter oben, war dort noch ein weiterer Raum, den man beim Betreten des Gebäudes nicht sehen konnte. Die junge Frau verschwand kurz und kam mit einer faltbaren Matratze, einer weißen Bettdecke und Laken zurück. Die Matratze war vielleicht 4 cm dick. Die Bettdecke schien auch nicht mit besonders warmen Daunen gefüllt. Das war mir zu diesem Zeitpunkt aber total egal. Langsam wurde ich müde und war froh nicht draußen schlafen zu müssen.

Auf dem Boden durfte ich mir einen Platz aussuchen. Meine *Matratze* breitete ich direkt vor den Stufen zum *Matratzenraum* aus - so nenne ich ihn einfach mal. Die kurze Seite zeigte zu den Stufen, eine der langen Seiten legte ich direkt an eine Wand. Die gegenüberliegende Seite war in Richtung Kantinenausgabe gerichtet und die andere kurze Seite zeigte in Richtung des großen Schlafsaals, in dem die Betten standen. Das mag vielleicht nach großen Abständen klingen, wenn ich von Schlafsaal, Kantine und Matratzenraum spreche. In Wirklich beschränkte sich mein Platz für diese Nacht auf kleinstem Raum, direkt im Durchgang von draußen zum eigentlichen Schlafsaal. Einen Meter neben mir stand das erste Bett, zwei Meter neben mir war die Essensausgabe und vier Meter daneben ging es nach draußen.

Durch die Beleuchtung, dem nahe liegenden Ausgang und die eine Wand, die direkt an mein *Bett* grenzte, fühlte ich mich einigermaßen sicher. Meine Schuhe stellte ich zwischen mich und die Wand. Meine Klamotten blieben am Körper und alles was ich bei mir trug, blieb genau wo es war: gut vergraben in meinen Taschen. Ich hatte Angst davor, in der Nacht beklaut zu werden. Da kam eines der Mädels zu mir. „Are you hungry?", fragte sie mich. Ich zögerte. Ich wollte hier doch niemandem das Essen wegessen. Nein. „Die brauchen das viel mehr als ich. Ich komme schon irgendwie durch.", dachte ich mir und lehnte zunächst ab. Ein wenig Hunger hatte ich schon. Es wäre noch genug übrig und keiner müsste wegen mir hungern, sagte das Mädel. Also gingen wir in die

Küche hinter der Kantinenausgabe. Da sah es aus wie Sau. Verkrustete Herde. Überall verbrannte Stellen. Dreck auf dem Boden. Auf dem Tresen standen Einmalhandschuhe und ein großes Schild mit der Aufschrift „Always use gloves in the kitchen". Das klang vernünftig. Aber was war der eigentliche Grund für Handschuhe? Musste ich Angst vor Krankheiten haben? Konnte man sich etwas einfangen? Ich war verunsichert und die Idee aus dieser Küche etwas zu essen gefiel mir gar nicht. Aus dem Kühlschrank drückte mir das Mädel eine Plastikschale mit einer leicht angetrockneten Masse in die Hand. Chilli con carne sollte das darstellen. In diesem Moment einen Rückzieher machen konnte ich nicht. Vorsichtig nippte ich etwas von meinem Plastiklöffel. Das Zeug sah absolut ekelhaft aus. Essen konnte man die Pampe jedoch. Die Portion verdrückte ich also. Genauso glücklich wie ich war, etwas gegessen zu haben, so glücklich war ich auch, nun nichts mehr aus dieser Küche essen zu müssen. Es war mittlerweile nach Mitternacht. Ich legte mich schlafen.

Geräusche weckten mich wieder auf. Es war noch dunkel. Links von mir brannte immer noch Licht. Ich schielte unter meiner Bettdecke hervor und sah den Typen, der vor ein paar Stunden über mich geflucht hatte. Der war richtig wütend und brüllte rum. Eine selbstgebaute Maske trug er auf seinem Kopf, hochgeschoben. Sie bestand aus einem Fahrradhelm, aus dem Schläuche kamen und einigem anderen Kram, der ihn bizarr wirken ließ. Die Situation gefiel mir gar nicht. Ich versuchte Wortfetzen aufzufangen. Er suchte etwas. Scheinbar hatte er Drogen verloren. Ich schnappte das Wort Heroin auf. Der Typ war am Durchdrehen. Das Licht brannte gedimmt und der Boden war nur schleierhaft sichtbar. Die Ecken dunkel. Ich sah meine Chance, bei dem Typen einen Stein ins Brett zu bekommen und gleichzeitig die Situation zu deeskalieren. An meinem Schlüsselbund hatte ich eine kleine Taschenlampe. „Do you need light?", rief ich zu ihm hinüber. Die Szene spielt sich direkt neben mir ab. Zwischen meinem Bett und der Kantinenausgabe. Er sprang auf meinen Zuruf an. Schnappte sich meine Taschenlampe und beleuchtete jeden Winkel des Bodens. Nach ca. 10 Minuten hatten er noch nichts gefunden und wurde immer hektischer, fluchte laut. Sein Heroin war weg. Er packte sein Fahrrad und stürmte nach draußen. Ich war froh, dass sich die Situation geklärt hatte und ich von ihm nun wohl nichts mehr zu befürchten hatte, da er verschwunden war. In meine Bettdecke eingerollt, machte ich die Augen zu. Ein paar Stunden Schlaf wollte ich noch mitnehmen.

Wieder wurde ich aufgeweckt. Dieses Mal von meinem Handy. Es war noch dunkel draußen. „Ping! Ping! Ping!", machte es in meiner Tasche. Siavash hatte mir auf Facebook geschrieben!

> *04.01.16, 04:32:14: Siavash: Hey Paul. If you're still here I can drive you to Seattle in the day. Monday, I have a friend I'm visiting in Seattle just by chance because I missed her when she came to Vancouver over the weekend. If you're already gone, I wish you all the luck brother.*

Jackpot! Eine bessere Nachricht hätte ich nicht kriegen können. Aus der Innenstadt herauszukommen wäre bestimmt nicht leicht gewesen und Seattle in den USA war mein erstes großes Ziel. Nach einem kurzen Frühstück - ungesüßte Honey Wheats mit Milch, wer wusste schon wann ich wieder etwas zu essen bekommen würde - machte ich mich auf den Weg nach draußen. Die Nacht in der Obdachlosenunterkunft war eine unglaublich intensive Erfahrung gewesen. In einem Backpackers die kalte Schulter gezeigt zu kriegen, dafür aber, obwohl ich nicht wirklich bedürftig war, in dieser Unterkunft aufgenommen zu werden, zeichnete ein klares Bild. Die Offenheit, mit der mich die Mädels aufgenommen und sogar mit Essen versorgt hatten, machte mich glücklich. Mein Bild von unterirdischen Unterkünften, die man sich sonst ausmalte, war wie weggeblasen. Gestärkt und einigermaßen ausgeschlafen startete ich in Tag 2 mit dem guten Gefühl, dass man, wenn man ganz unten landen sollte, nicht alleine ist.

Siavash wollte mich mittags am Club aufgabeln. Direkt gegenüber gab es einen Starbucks, in dem ich es mir gemütlich machte. Aus irgendeinem Grund vermutete ich, dass Starbucks Filialen quer durch ganz Amerika mein neues Zuhause werden würden. Meinen Schlafsack sammelte ich auf dem Weg ein und meine Ausrüstung war endlich komplett. Das einzige Problem: Der Schlafsack kam ohne eine dieser engen Taschen, in die man den Schlafsack sonst immer wie im Kampf um sein Leben reinquetschen muss. Nur ein riesiger Beutel mit einem Riemen, den man zuziehen konnte, war mit im Paket. Das Ding war auch unglaublich schwer. Was man nicht alles mit sich schleppt, nur um sein

Leben zu retten…

Ein paar Stunden hatte ich noch Zeit, bis Siavash kommen würde. In einem der Starbucks Sessel machte ich es mir bequem, klickte mich durch Facebook und schrieb ein paar Nachrichten hin und her. Mein Blick wanderte von der Glasfront am Eingang weg und blieb an einem Werbeschild hängen. *2 XXL Pizza Slices 1 Dollar*. Mir lief das Wasser im Mund zusammen. Zwei XXL Pizza Slices für nur einen Dollar? Das war der Hammer! War es nicht. Trotz der ca. 400 Dollar die ich noch bei mir trug, war der Deal tabu für mich. Man fühlte sich das scheiße an. Nicht einfach zuschlagen zu können, die dreifache Menge für drei Dollar zu nehmen und vollgefressen im Sessel zu versinken. Das muss das erste Mal in meinem Leben gewesen sein, dass ich wirklich verzichten musste. Bevor ich der Versuchung nicht widerstehen konnte, nutze ich die Zeit und schlenderte zur nahe gelegenen Western Union Filiale, um alles, was ich an Bargeld bei mir trug, nach Deutschland zu transferieren. Eine halbe Stunde später war ich wirklich blank. Ich hatte keinen Cent mehr in der Tasche. Einzig und allein eine Kreditkarte für den absoluten Notfall hatte ich noch bei mir. Wenn ich von Notfall spreche, meine ich wirklich den absoluten Notfall. Hunger, ein fehlendes Dach über dem Kopf oder Niemand, der mich mitnehmen würde, waren keine Notfälle. Eine schwere Verletzung oder Kälte, die mich in den Tod treiben könnte, das waren Notfälle, für die ich die Kreditkarte dabeihatte. Bei allen anderen möglichen Problemen hätte ich mir eher den Arm abgehackt, als gegen meine eigenen Regeln zu spielen. Ohne Pizza und ohne einen Penny ging es zurück ins Starbucks. Siavash musste jeden Moment kommen.

Ein paar Minuten später saßen wir im Auto auf dem Weg aus Vancouver raus. Siavash fuhr eine Art Range Rover in dunkelgrün. Die Grenze zu den USA ist nur eine Dreiviertelstunde aus der Stadt raus in Richtung Süden gelegen. Ich war bereit für die Staaten! Kurzer Halt am *Welcome to America* Schild, Posen für meinen täglichen Facebook Post. *Klick*. Das Foto war im Kasten. Es war Zeit für die Grenzkontrolle. Da habe ich mir einiges erzählen lassen von allen möglichen Leuten. „Per Anhalter reisen? Das ist verboten! Wenn, dann kannst Du zu Fuß rüber.", „Die lassen Dich niemals rein…" Das schaute ich mir doch lieber mal selbst genauer an. Zusammen im Auto mit Siavash, der aussieht wie ein gut ausgebildeter Bombenleger aus dem Nahen Osten. Kann man das überhaupt sagen in Amerika? Ist ja schließlich weit weg. Sagt man vielleicht sogar ferner Westen und blickt andersrum auf die Sache? Wir waren an der Reihe. Die Amis machen da immer ein Speed-Quiz und bombardieren einen in kürzester Zeit mit möglichst vielen Fragen, um zu schauen, wie spontan man Antworten findet oder eben ins Strauchelen gerät. „Where are you from?", „How do you know each other?", „How much money do you carry?", „Where are you going to?". Die Frage danach, woher man sich kannte, war meine Lieblingsfrage. Im Dezember, als ich noch in Vancouver wohnte, war meine Freundin zu Besuch und wir fuhren für einen Abend nach Seattle. Als ich auf die Frage nach dem Kennenlernen antwortete, „I bought a couch from her", guckte der Beamte nicht schlecht und fragte „And now you are travelling together?" - Dazu aber später vielleicht mehr.

Wir hatten das Speed-Quiz erfolgreich absolviert. Als ich dem Beamten erzählte, was ich in den USA vorhatte fragte er mich lediglich, ob ich mental ganz gesund wäre oder er Hilfe holen solle. Humor gibt's also doch bei den Ami Bullen. Die hauen nicht immer direkt drauf und ziehen die Knarre, nur weil etwas komisch ist. Bei uns als Duo war eine ganze Menge komisch. Siavash hat die verrücktesten Geschichten drauf. Mit Horror Storys wollten mir schon viele Leute Angst vor dem per Anhalter fahren machen. Doch Siavash toppte alle Storys, die ich bisher gehört hatte. Er fing mit der ersten Geschichte an:

Vor einigen Jahren waren immer wieder Prostituierte rund um Vancouver spurlos verschwunden, erzählte er. Überall in den Zeitungen konnte man von den Vermisstenanzeigen lesen. In alle Richtungen wurde ermittelt. Ohne Erfolg. Erst nach mehreren Monaten kamen die Behörden während ihren Ermittlungen auf eine Farm, die von den Pickton Brüdern betrieben wurde. Eine Schweinefarm. Nach der Durchsuchung des Geländes wurden die Überreste einer der verschwundenen Frauen gefunden. An verschiedenen Punkten verteilt. Von den Pickton Brüdern war einer geistig behindert. Der andere kerngesund. Im Verlauf der Ermittlungen kam heraus, dass die Brüder die Frauen auf ihrer Farm misshandelt, ermordet und an ihre Schweine verfüttert hatten.

Ich glaubte Siavash kein Wort von dem was er da erzählte. Die Story war einfach zu krank. Weil er allerdings mit solch einer Energie erzählte, hörte ich gespannt zu.

Das war nur der offizielle Teil der Geschichte, sagte er. Der, der in den Medien verbreitet wurde. Der geistig behinderte Pickton Bruder wurde voll schuldig gesprochen und lebenslang verurteilt. Der andere bekam Freispruch. „Warum das so war?", fragte mich Siavash. Weil hochrangige Politiker und Geschäftsmänner hinter den Straftaten steckten. Niemand durfte sie mit Prostitution in Verbindung bringen. So wurden die Frauen nichtsahnend zu den Männern gebracht und die Pickton Brüder hatten den Auftrag sich darum zu kümmern, dass keine Beweise zu finden wären und der Ruf der öffentlich bekannten Personen gewahrt bleiben würde. Tatsächlich war der kerngesunde Pickton Bruder der Drahtzieher der Morde, wurde jedoch gedeckt, damit er nicht auspackte. Der geistig kranke Bruder war perfekt um als Sündenbock gerade zu stehen.

Ich glaubte Siavash noch weniger von seiner Story. „Sowas gibt es nicht", dachte ich mir. Wenn an der Story was dran war, musste man dazu auch etwas im Internet finden. Ich gab *Pickton Brothers* in Google ein und zack, ganz oben fand ich einen Wikipedia Artikel. Alles war genau so wie es Siavash beschrieben hatte. Ohne den inoffiziellen Teil natürlich. Der war ja schließlich inoffiziell. Dass jedoch der geistig behinderte Bruder hinter allem gesteckt haben soll, stank so sehr zum Himmel, dass ich nun auch den inoffiziellen Teil von Siavash für möglich hielt. „Was für eine kranke Scheiße!", dachte ich mir. In einer zweiten Geschichte erzählte Siavash mir von einem Mann, der vor ein paar Jahren per Anhalter gefahren ist:

Nicht lange musste er warten, bis jemand anhielt und den Mann mitnahm. Nach ein paar Kilometern auf der Straße hielt der Fahrer dem Tramper eine undefinierbare Substanz hin. Er sollte probieren. Der Fahrer nahm selbst etwas davon. Dem Reisenden war die Sache suspekt und er lehnte ab. Das machte den Fahrer wütend und er beharrte darauf, dass der Reisende etwas von dem unbekannten Zeug nahm. Wieder verneinte der Reisende. Im nächsten Moment steckte ein Messer in seinem Bauch und durch einen gezielten Tritt wurde er aus dem fahrenden Auto befördert.

Das reichte mir. „Genug mit der Angstmacherei!", dachte ich mir. „Das sind doch eh alles nur Stories. Ich bin sicher unterwegs." Das waren meine Gedanken, als wir bei der mexikanischen Fast-Food-Kette *Chipotle* Rast machten. Nach Sias Meinung gab es da richtig gutes Essen. Mexikanisch hatte ich zuvor noch nie in meinem Leben auf dem Teller gehabt und der Hunger war groß. Wer wusste schon, wann es das nächste Mal etwas für mich geben würde. Mir wurde eine Pappschale mit Bohnen, Guacamole, Fleisch und allen möglichen anderen Dingen, die unglaublich lecker aussahen, vollgeschaufelt. Einen richtigen Berg an Essen hatte ich da vor mir und Siavash hatte nicht zu viel versprochen. Das Essen war unglaublich lecker und meine erste Mexican-Food-Erfahrung war super. Ein echter Mexikaner würde mich wahrscheinlich traurig belächeln, wenn er das lesen würde, so wie wir mit dem Kopf schütteln würden, wenn jemand die deutsche Küche lobt, nachdem er bei McDonalds war. Sorry also an alle mexikanischen Leser!

Noch eine gute Stunde war es bis nach Seattle. Insgesamt dauert es von Vancouver knappe zweieinhalb Stunden mit dem Auto. Wir hatten mittlerweile frühen Nachmittag und so langsam machte ich mir Gedanken darüber, wo ich wohl schlafen würde. Siavash konnte mir nicht helfen, er traf sich mit einer Freundin. Auf noch eine Erfahrung in einer Obdachlosenunterkunft konnte ich verzichten. Es war Zeit mal wieder auf *Couchsurfing* vorbei zu schauen. *Couchsurfing* ist eine Art Airbnb für Reisende, nur ohne Bezahlung. Schlafplätze sind grundsätzlich kostenlos. Der große Unterschied zu Airbnb war, neben der *Schlafen for free* Komponente, dass es um den persönlichen Austausch geht. Hier wird erwartet, dass man zusammen ein wenig Zeit verbringt und in gemütlicher Runde seine Geschichten austauscht. Die App hatte ich vor ein paar Jahren in Deutschland schon mal genutzt und super nette Menschen kennen gelernt. Einmal schlief ich im obersten Stock eines Hochhauses in Frankfurt und das zweite Mal bekam ich mein eigenes Zimmer, Bad und sogar einen Schlüssel für das Haus, in dem ich für eine Woche blieb. Komplett kostenlos. Der Service kam also wie gerufen und kurzerhand schrieb ich ca. 10 bis 20 Anfragen an verschiedene Menschen aus Seattle, die aktuell einen Schlafplatz anboten. Ein bisschen kurzfristig war das schon. Ich hoffte aber, dass meine Geschichte Interesse wecken würde und irgendjemand zurückschreiben würde. In meiner Anfrage war auch ein Link zu meinem Introvideo auf Facebook dabei. Das Video kam an. Innerhalb von einer Stunde hatte ich gleich zwei Zusagen für die Nacht. „Der Obdachlosenunterkunft entkommen!", dachte ich mir und entschied beiden Gastgebern zuzusagen und einfach für zwei Nächte zu bleiben. Von Merritt über Vancouver nach Seattle waren schon 500 Kilometer Strecke absolviert. 300 Kilometer würde ich an Tag 4 schon hinkriegen, um in meinem 200 Kilometer/Tag Schnitt zu bleiben. Als Siavash und ich an einem Restaurant in Seattle hielten fiel uns eine kleine Tasche auf dem Rücksitz im Auto auf. Meine war es nicht, sie musste einer Freundin von Siavash gehört haben. Als Siavash rein guckte, fing er mit großen Augen an zu lachen und sagte, „Duuuude! We just crossed the border with joints and pills on the backseat!". Damit die Fahrt über die Grenze zurück nach Vancouver für Siavash genauso problemlos verlaufen würde wie die Hinfahrt, übergaben wir unseren Fund an einen Rastaman, der auf einer Mauer neben dem Restaurant vergnügt ein Lied sang. Sein Tag und Siavashs Rückfahrt waren gerettet! Am Abend trennten sich unsere Wege. Es war der Moment gekommen, an dem mein komplettes Umfeld komplett unbekannt sein würde. Südlich von Vancouver kannte ich, mit Ausnahme von Lodi, niemanden mehr. Ich war vorher noch in keiner der Städte, die ich durchreisen würde und meine erste echte Fahrt per Anhalter sollte bald folgen. Die beiden Fahrten von Merrit nach Vancouver und von Vancouver nach Seattle zählten für mich nicht. Die waren geschenkt.

– KAPITEL 3 –
WASHINGTON

AUSSENSEITER

Mein Wecker klingelte. Es war früh am Morgen des dritten Tages. Die Nacht hatte ich bei Jim verbracht, der meine Anfrage am Tag zuvor über *Couchsurfing* angenommen hatte. Ein netter Typ um die 40, der irgendwas mit Immobilien machte. Das passte zu dem Haus, in dem er mich aufgenommen hatte. Ein modernes Einfamilienhaus, in dem er Platz in seinem Arbeitszimmer für mich machte. Todmüde war ich am Abend ins Bett gefallen, nachdem wir uns kurz unterhalten hatten. Draußen dämmerte es noch. Wir frühstückten kurz, ich packte meine Sachen und wir fuhren los. Jim musste ins Büro und er bot mir an meine Sachen bei meinem nächsten Host (so heißen die Leute, die einem über *Couchsurfing* einen Schlafplatz anbieten) abzuladen und mich in der Stadt rauszuwerfen. Angekommen in einem Vorort von Seattle öffnet ein alter Mann mit dickem Bauch und weißem Haar die Tür. Das war Mark, der gerade erst aus dem Bett gefallen war. Ein bisschen verdattert ließ er mich mein Gepäck abladen und schon war ich wieder aus der Tür raus, um mein Tagesprogramm zu starten: Seattle erkunden. Jim setzte mich am Pike Place Market ab. Dort sei tagsüber viel los und ich käme gut überall hin, sagte Jim bevor er sich auf den Weg zur Arbeit machte. Seit meiner Abreise war das der erste Moment, in dem ich mich frei von meinem Backpack bewegen konnte. Der Rucksack war wahnsinnig schwer, dazu der riesige Schlafsack, der mir hoffentlich später noch mein Leben retten sollte. Frei von Ballast und komplett ohne Plan schlenderte ich in den Tag hinein. In dem großen Gebäude, in dem auf mindestens vier verwinkelten Etagen unzählige kleine Geschäfte waren, war noch alles am Schlafen. Ein paar Menschen schlenderten umher, die ersten Cafés öffneten. Was macht man denn jetzt mit dem Tag, ohne bekannte Gesichter und ohne einen Cent in der Tasche, fragte ich mich. So leicht fand ich auf meine Frage keine Antwort und setzte mich erstmal an ein Panoramafenster, durch das man auf den Hafen von Seattle und das Meer schauen konnte. Ich ließ meinen Gedanken freien Lauf und blieb so bestimmt für eine Stunde sitzen. Draußen war es windig und nass. Ich hatte alle Zeit der Welt. Ein Café neben mir öffnete die Türen. Im Fenster hing ein Zettel mit der Aufschrift: Job available. Das klang gut. Vielleicht könnte ich für den Tag in der Küche helfen und mir so mein Mittagessen verdienen, ging es mir durch den Kopf. Meine Euphorie über eine greifbare Kurzzeitanstellung platzte nach 10 Sekunden, als mir der Kellner mitteilte, sie suchten nur langfristig jemanden. Gar nicht so einfach auf der Durchreise zu sein. Tellerwaschen schien mir nicht die beste Taktik zu sein. Zwei Absagen bei zwei Versuchen, meine Statistik konnte sich nicht sehen lassen. „Also gut!", dachte ich mir. Ich schlenderte durch die Straßen, auf der Suche nach einer Beschäftigung. Normalerweise hätte ich mich erstmal gemütlich in ein Starbucks gesetzt, mir eine heiße Schokolade gekauft und wäre in einem der gemütlichen Sessel versunken. Diese Option fiel weg. Außerdem war das Wetter scheiße und ohne Geld bot sich mir keine spannende Unternehmung an. „Das macht ja richtig Spaß", dachte ich mir, während ich ziellos von einer Straße in die andere stapfte. Ich wusste nichts mit mir anzufangen. Ich erinnerte mich an ein Museum, das ich aus Jims Auto heraus entdeckt hatte. „Vielleicht gibt es da eine Ausstellung mit kostenlosem Eintritt.", dachte ich mir und machte mich auf die Suche. Nach ein paar Minuten hatte ich die Straßenecke auch schon wiedergefunden.

Seattle Art Museum stand an dem Gebäude und auf dem Vorplatz befand sich eine riesige Skulptur. Kulturprogramm stand auf dem Plan. Seattle Art Museum klang aber gar nicht mal so schlecht. Nicht so langweilig wie Museum der Renaissance oder so, irgendwie moderner. Mit alten Gemälden konnte man mich zum Teufel jagen. Mit abstrakten modernen Werken konnte ich jedoch etwas anfangen. Im Eingangsbereich hingen an der Decke Autokarosserien mit eingebauten Lichtern. Das sah tatsächlich nicht schlecht aus. Jetzt hätte es nur noch eine kostenlose Ausstellung geben müssen und mein Tag wäre vorerst gerettet gewesen. Die gab es aber natürlich nicht. Dieses Mal wollte ich mich allerdings nicht so leicht geschlagen geben und wusste, irgendwie würde ich schon in dieses Museum kommen. Ich befand mich in einem langen Raum. Vor mir befanden sich auf der rechten Seite mehrere Schalter, an denen man seine Tickets kaufen konnte. Links daneben war direkt der Eingang, der von einem Eintrittskarten Kontrolleur bewacht wurde. Ich setzte mich erstmal auf einen der Sessel hinter mir, um die Lage zu beobachten. Irgendein Schlupfloch musste ich finden. Meine erste Idee war es, mich am Kontrolleur vorbeizuschleichen, während er von anderen Gästen abgelenkt war. Das erschien mir jedoch zu riskant. Wäre ich erwischt worden, hätte man mich vor die Tür gesetzt. Direkt hinter dem Wachmann gab es eine Abzweigung. Quasi zwei verschiedene Eingänge. Einer rechts und einer links. Rechts ging eine Rolltreppe hoch, da gingen die meisten Leute lang. Auf der linken Seite lag ein Raum mit einem großen Bild und Aufzügen. Ich hatte eine Idee. Meine Vermutung war, dass rechts der eigentliche Haupteingang war und man links wahrscheinlich über einen Aufzug ins Parkhaus gelangen konnte. So ein Museum ist aber meistens auch behindertengerecht. Vielleicht würde der Aufzug auch hochfahren? Selbstbewusst bewegte ich mich in Richtung des linken Eingangs, während der Kontrolleur mit dem Prüfen der Tickets beschäftigt war. Ich hoffte, dass er die Gäste, die in den linken Bereich wollten, gar nicht kontrollieren würde oder aber, dass mein gerader Durchmarsch, dafür sorgen würde, dass er davon ausginge, dass das schon seine Richtigkeit hatte. Der Kontrolleur hatte mich vorher schon auf dem Sessel sitzen sehen. Ich näherte mich ihm und versuchte meinen Blick weg von ihm, in Richtung der Aufzüge zu richten. Er war immer noch mit dem Kontrollieren von Tickets beschäftigt und ich war drin. Drin im linken Bereich mit einem riesigen Bild und den Aufzügen. Ich kenne ein Kino, in dem führen die Aufzüge vorbei an den Sicherheitskräften direkt zu den Sälen, sodass man kostenlos in jede Vorstellung kann. Ich drückte mir selbst die Daumen, dass es in diesem Museum genauso sein würde. Ich hatte Glück. Der

Aufzug fuhr geradewegs nach oben und das Museum gehörte mir. Durch die Flucht vor dem miesen Wetter und die Aussicht auf mindestens drei Stunden Kunstbegutachtung, war mein Tag vorerst gerettet. Neben allem möglichen langweiligen Kram, gab es tatsächlich auch ein paar interessante Ecken. Ein goldenes Pissoir wurde ausgestellt. Das gefiel mir.

Als ich fast mit der Ausstellung durch war, bekam ich eine SMS. Siavash war für den Nachmittag noch in der Stadt und wollte etwas unternehmen. Das Museum, welches ich gerade noch hochgepriesen und als willkommene Aktivität gefeiert hatte, wurde zurück auf den Platz verdammt an dem es gewesen wäre, wenn ich nicht verzweifelt umhergeirrt wäre. Über die Rolltreppen zurück nach unten, raus über den linken Eingang, verabschiedete ich mich freundlich vom Kontrolleur und stieg zu Siavash ein, der mich vor dem Museum einsammelte. In den nächsten Stunden suchten wir ein Geschenk für seine Freundin, durchstöberten einen Army-Shop und kundschafteten verschiedene Ecken der Stadt aus. Bevor wir uns das dritte Mal voneinander verabschiedeten und Siavash mir viel Glück auf meiner Reise wünschte, drückte er mir einen Apfel in die Hand. Ich taufte ihn den *Emergency Apple* und nahm mir vor, ihn für den Notfall, wenn ich mal kurz vor dem verhungern sein würde, zu verwahren. Siavash brauste davon und ich stand allein im dämmernden Seattle. Allein, ohne bekannte Gesichter, ohne Geld und ohne Plan. Das war der Moment, in dem das Abenteuer mit allen Aufs und Abs starten sollte.

Zurück zu dem weißhaarigen, dickbäuchigen Mark waren es gute 10 Kilometer. Zu Fuß wären das zwei Stunden gewesen. Laut Google Maps gab es allerdings auch einen Bus, der mich direkt vor die Tür fahren konnte. Da war ich wieder bei dem Problem des fehlenden Geldes angekommen. Schwarzfahren stand auf dem Plan. Doch im Vergleich zum Schwarzfahren aus Bequemlichkeit, weil man einen zu großen Schein dabei hat oder zu wenig Zeit, um noch zum Automaten zu gehen, fühlte es sich unglaublich unangenehm an, nicht das Geld für ein Ticket zu haben. Ich fühlte mich wie am Rande der Gesellschaft. Als müsste ich spitzfindig Momente der Unachtsamkeit anderer ausnutzen, um nicht aufzufliegen. Das war wohl die Kehrseite der Medaille, wenn man nichts hatte. Ob Obdachlose dieses Gefühl wohl auch haben? Oder verfliegt das mit der Zeit, wenn man sich an seine Situation gewöhnt? Ich jedenfalls fühlte mich schlecht, als ich zum zweiten Mal an diesem Tag aus der Entfernung überlegte, wie ich mich an der Kontrolle vorbeischleusen könnte. Es schien so, als ob am Vordereingang der Busse Tickets kontrolliert werden würden. Hinten stieg niemand ein, bei vielen Bussen jedoch Passagiere aus. Da musste ich reinspringen, sobald alle Passagiere ausgestiegen waren und bevor die Türen wieder zugingen. Ich hoffte nur, nicht erwischt zu werden. In Deutschland bin ich meistens hinten eingestiegen. Einfach, weil ich keine Lust hatte mein Ticket vorzuzeigen. Wenn man mich in der Situation ohne Geld jedoch erwischt hätte, hätte ich nicht einfach nach vorne gehen und ein Ticket ziehen können. Vor dem komplett überfüllten Bus hätte ich dagestanden und zugeben müssen, dass ich mir gerade nicht mal ein Busticket leisten könnte. Ich hatte Glück. Unbemerkt huschte ich durch die hintere Tür und setzte mich unauffällig auf einen der freien Plätze. Wie lange würde das wohl gutgehen?

Nach meiner Reise habe ich einige der Menschen, die ich getroffen habe gefragt, ob sie Lust haben unsere Begegnung aus ihrer Perspektive in diesem Buch zu teilen. Im Verlauf der Geschichte werde ich die Berichte, die ich bekommen habe, mit einbauen. Die Passagen sind in Englisch und um die Authentizität der Erzählungen zu sichern, nicht editiert.

Siavash Ashrafinia, Vancouver

I remember my first impression. It was packed inside my after-hours club in Vancouver BC, almost morning when most people wake up to start the day, but we were all still relentlessly dancing in the dark. I was DJing, mixing up a thumpin' musical journey, when I looked up at the dance floor ahead. There he was, feet above everyone else: a long, slender, bouncy, hooded man. Within the sweaty crowd, Mr Paul Jonas was my personal quality-meter for each track.

I bumped into him regularly after that at the same club which I ran. He was unmissable. Paul was always ready to dance, a big smile ear-to-ear every time. I was immediately drawn to him. It wasn't just the height and the smile, it was this aura about a very genuine person. While everybody else was grooving with the help of toxic "party favors", Paul kept going into the morning fueled only by a love for good music and a solid investment in diabetes A.K.A a can of Coca-Cola. He soon signed up to become one of the promoters with my underground electronic music events company, You Plus One. He was one of the best we had. He always came to the meetings with great ideas and a very unique approach to everything. One of the things Paul told me that stuck with me was this… "In Vancouver it is very easy to make lots of "friends". In Germany it is very difficult to make friends, but when you do, you make a true friend for life." I can now say that we became "German friends", but just as quickly as he appeared in our little Vancouver scene he was on his way out to his next adventure.

Hearing of his hitch-hiking mission he had planned next I knew this kid had balls, more than most. I certainly don't have that kind of faith in humanity, but then again this bearded techno wizard is not a bright 20-something year old successful entrepreneur from Cologne. After he spent 10 days at a silent retreat, I picked him up and became his first hitch, driving him across the border to Seattle. Spontaneously, I dropped all plans and left home without a word to anyone in the hopes that I would share at least some of the excitement of what I knew would be a crazy journey for him. Even after reaching Seattle and we shared 2 goodbyes that night by the end of each I still refused to let Paul leave my sight for good. I just found it too hard to say a finally farewell to such a good soul and tried to stay with him as long as I could. I couldn't stop thinking about how much I wish I had the courage and determination that this kid had when I was his age. We spoke about meeting again in EU to explore abandon warehouses and to experiences mad dance parties. It gave us something to look forward to once he finished his adventure and I finished my music tour in Mexico and softened the blow by turning "goodbye" into "see you soon". After a Seattle-style vegan breakfast, I finally let him go with the gift of a green apple that I had sitting in my truck. I told him to keep it in case of emergency. If all failed and no American wanted to give this German a helping hand he could pull it out from the bottom of his Northface bag and remember he always had a friend in this Persian back in Canada.

DER WEISSHAARIGE, DICKBÄUCHIGE, ALTE MANN

Die Busfahrt unentdeckt überstanden, stapfte ich durch den Regen zurück zu Mark. Mittlerweile trug der Gute keinen Schlafanzug mehr und war putzmunter. In der Wohnung standen überall riesige Drucker. In meinem Zimmer befanden sich mindestens drei von diesen Kolossen. Im Wohnzimmer lag alles voll mit Mappen und einzelnen Blättern. In der Mitte saß Mark an seinem Computer auf dem Sofa und lachte fröhlich. Er war eine seiner Reisen am planen, die er auf großen Ausdrucken in einem Kalender Format für sich festhielt. Zu jeder Reise gab es auch eine Mappe mit allen möglichen Informationen, die er wahrscheinlich noch nie gebraucht hatte. Im hinteren Teil der Wohnung war die Küche mit einem großen Ofen. Sechs Kochplätze gab es. Hinter der Küche lag ein kleiner Garten mit einem noch größeren Ofen, der draußen stand, weil er unglaublich laut war. Mark hatte draußen schon Fleisch auf den Grill geworfen und schnibbelte uns einen Salat und Brot zurecht. Oft hatte er Gäste bei sich, für die er auch gerne kochte. Sein Spitzname war deshalb *Uncle Markie*. Dass er oft kochte merkte ich, als ich mir das mit Schinken umschlungene Stück Fleisch auf der Zunge zergehen ließ. Dazu gab es Brot mit einer Art Aufstrich und Salat. In meinen ersten drei Tagen hätte ich mich über einiges aufregen können, über das Essen aber definitiv nicht. Am Abend unterhielten wir uns über Gott und die Welt, als mir einfiel, dass mir etwas Wichtiges für den nächsten Tag fehlte. Meine erste echte Fahrt per Anhalter stand an und dafür brauchte ich ein Pappschild. An den Edding für die Aufschrift hatte ich in Vancouver gedacht und diesen eingepackt, aber das Schild selbst hatte ich nicht mehr auf dem Schirm. Mark war Mitinhaber eines Weingeschäfts in Seattle und hatte das perfekte Pappschild für mich: Etwa zwei Armlängen breit und in der Mitte faltbar. Das ergab vier Seiten, die ich beschriften konnte. Mit einem kurzen Blick auf Google Maps schaute ich welche Stadt südlich von Seattle auf dem Weg in Richtung San Francisco lag und mich möglichst auf 800 Kilometer an Tag 4 kommen lassen würde. Portland. 780 Kilometer von Merritt. Perfekt! In großen Buchstaben schrieb ich $PORTLANd$ auf das Pappschild. Für das d war kaum noch Platz auf dem Schild und ich quetschte es schräg an die Seite. „Die Leute werden schon wissen wo ich hinwill", dachte ich mir. Erschöpft ging ich ins Bett. Die Drucker waren zum Glück ausgeschaltet.

Am nächsten Morgen ging es früh aus dem Bett für mich. Kilometertechnisch lag ich zurück. Die 280 Kilometer Meter bis nach Portland mussten drin sein, damit ich wieder im Plan lag. Mein Gepäck zusammengeschnürt und mit meinem Pappschild als Ticket in Richtung Portland gerüstet, stand ich bereit in Marks Wohnzimmer. Ein Freund von ihm kam am Morgen zum Putzen vorbei. Als Mark ihm von meiner Reise erzählte und dass ich ohne Geld unterwegs war, wollte er mir ein paar Dollarscheine zustecken. Geld war tabu, ich lehnte ab. Mark, der raffinierte Hund, wickelte mich allerdings mit einem zwei Dollar Schein um den Finger. Den gab er allen seinen Gästen mit, die seien nämlich selten, sagte er. Als ich kurz nachdachte ob er mich auf den Arm nehmen wollte, merkte ich, dass ich tatsächlich noch nie einen zwei Dollar Schein gesehen hatte. Als Souvenir mit striktem Ausgabe-Verbot steckte ich den Schein also ein und machte mich auf den Weg in Richtung Autobahnauffahrt.

Mark Souder, Seattle

When I saw Paul's request pop up on the screen, read his request and clicked on the link to his idea. First thought, CRAZY, second thought – got to meet this guy. I thought too long (like 15 minutes). Somebody scooped him up for the first night, but he'd decided to spend a second night in Seattle so I got that.

To see the pack he arrived with, I was amazed – it had everything. And probably weighed over 50 pounds. Yikes!

My preference when I'm hosting "surfers" is that they be around for at least one dinner – my maternal instincts come out, I want to make sure surfers get at least one home-cooked me with the appropriate wine (I'm a wine merchant by trade). Dinner is a great place to learn about people. In this case is was to talk about his project, our backgrounds, why I host (family tradition), life goals.

One of the discussions over a bacon-wrapped bison/veal meatloaf was about "white privilege" – my concept was that it is only because Paul is white that his mission to hitchhike across the US would actually work. Were he black and brown I doubt he'd make it.

One of the things Paul talked about that dinner was that he wanted to "test his limits", he wanted to "struggle a bit" – so when he left in the morning, I pointed the direction of the freeway (12 blocks away) and sent him on his way. At least I thought I'd sent him on his way – turns out the following week I was in Sacramento – visiting my nephew. We'd kept in contact via FaceBook and it turned out that he'd made it to Sacramento and would be around for his last morning in California and we arranged a lunch by I-80 headed out of town.

It was good to see him again – and talk more about skating on "white privilege". And I had one of the best Ruebens in my life.

I'd looked at digital maps and found what I thought was the perfect on-ramp – turns out there wasn't any place to pull over. We went back one exit where he got his wish – a wait of 6+ hours. It was serious fun to follow his adventures across the US, and to see him actually achieve his goal.

REISEN PER ANHALTER IST SEXY!

Mit gefühlten 50 Kilo auf dem Rücken war der Marsch in Richtung Autobahn eine Qual. Meinen Backpack habe ich nie gewogen, ich kann mir aber vorstellen, dass das Teil wirklich um die 50 kg gewogen haben muss. Zum Glück konnte man den Rucksack durch einen Gurt komplett auf der Hüfte tragen. Als absoluter Reiseleihe war das eine unglaubliche Innovation für mich, die mir bei jedem Meter, den ich machte, den Arsch rettete. Sobald ich den Gurt öffnete, lag das gesamte Gewicht auf den Schultern auf und zog mich nach unten. Die Autobahnauffahrt zur I-5, die sich fast bis nach San Francisco zieht, war zum Glück nur ca. 15 Minuten zu Fuß entfernt. Als ich überlegte, wo ich wohl am meisten Erfolg beim Trampen hätte, waren Autobahnauffahrten an erster Stelle. Ich hatte Glück. Direkt an der Auffahrt lag eine Tankstelle. Einen besseren Spot für meinen ersten Anlauf hätte ich nicht finden können. Vor der Tankstelle war ein kleiner Schotterplatz, an dem die Einfahrt zu den Tanksäulen auf der anderen Seite zur Autobahn führte. Ich stellte mich genau in die Mitte. So konnte mich jeder sehen, der direkt auf die Autobahn fuhr, aber auch die *Benzinbedürftigen* konnten mich nicht übersehen. Den Backpack abgestellt und meine dicke Jacke ausgezogen, stöpselte ich mir Musik in die Ohren, breitete mein Schild mit dem Portland Schriftzug auf Brusthöhe aus und grinste jedem Autofahrer, der mir auch nur 1% an Aufmerksamkeit schenkte, ins Gesicht. Allzu viel war leider nicht los an der Tankstelle. Teilweise kamen so wenige Autos, dass es sich nicht mal lohnte, das Schild hochzuhalten. Bei jedem Auto, das angebraust kam, setzte ich meine fröhlichste Miene auf und das Schild sprang nach oben. Auto um Auto fuhr an mir vorbei. Manche lächelten mich an, doch die meisten ignorierten mich. Der Luxus, dass Bekannte über einen Facebook Post auf mich aufmerksam wurden und mich kurzerhand für ein paar hundert Kilometer mitnahmen, war nun vorbei. Zack! Ein schwarzer Kleinwagen raste auf mich zu, machte einen Schlenker um mich herum und bremste abrupt.

Im Auto saß ein blondes Mädel um die 20 mit einem Grinsen im Gesicht, als hätte Sie im Lotto gewonnen. „Let's go! I'm in a hurry!", rief sie mir zu. Ich schnappte mein Gepäck, warf alles auf die Rückbank und sprang auf den Beifahrersitz. Nach nicht mal 30 Minuten Warten hatte ich meine erste Fahrt ergattert. Mit Emily. Nach den ersten Begrüßungsfloskeln zückte Emily eine Pfeife aus der Mittelkonsole, packte sie mit einer wohlgeformten Knospe Gras voll und sorgte für noch bessere Laune. Das war der zivilisierte Drogenkonsum von dem ich gesprochen hatte. Während ich mir das Grasdöschen genauer anschaute und einen Geruchstest machte, erzählte Emily mir, dass sie auf dem Weg zu einem Casting für eine YouTube Show war. Sie modelte, schauspielerte und verdiente nebenher Geld als Go-Go Tänzerin. Ich hatte den Jackpot eines jeden Trampers geknackt. Bis nach Portland konnte sie mich nicht mitnehmen, dafür aber in das 100 Kilometer entfernte Olympia. Ein Drittel der Strecke war also geschafft. Wir hielten an einem Parkplatz in der Nähe der Autobahn, als mir Emily ein paar Dollar für einen Burger in die Hand drücken wollte. „Warum will mir eigentlich jeder Geld geben? Die wissen doch alle, dass ich das hier ohne Geld durchziehen will…", dachte ich mir und lehnte wie bereits am Morgen dankend ab. Als wir uns zum Abschied umarmten, streichelte sie mir über den Po. Auch wenn ich wusste, dass sie gerade versucht hatte, mir die Geldscheine unentdeckt unterzujubeln, nahm ich die Einladung an und tastete ihr Gesäß ab. Gleichberechtigung von Mann und Frau wird ja schließlich an jeder Ecke gefordert. Das unterstütze ich! Die Geldscheine warf ich Emily mit einem Zwinkern durch den Spalt an Ihrer Tür, als sie diese schnell zu machen wollte. Emily drehte eine Runde mit ihrem Auto, warf mir die Scheine entgegen und brauste lachend ab. So wie sie nach einer ihrer Shows die Scheine aufsammelt, sammelte ich nun die Scheine einzeln vom Boden auf. Kein Geld hin oder her, auf der Straße liegen lassen wäre scheiße gewesen. In New York City würde ich schon Gelegenheit zum Ausgeben finden und so hatte ich, auf meiner Reise ohne Geld, ungewollt knapp 10 Dollar in der Tasche. Striktes Ausgabeverbot!

Emily Jo, Seattle

I awoke bright and early the morning of January 6th getting ready for a new web series audition I was applying for later that day in Olympia, WA. I was leaving South Park (Part of Seattle) and was about to get on 509 S when I noticed a younger looking guy holding a sign saying he was heading South. Instantly my 'mother instincts' kicked in (I'm not even a mother, I just have compassion and care deeply for people who need help) So I pulled over to curb and rolled down my window and asked him where he was going and told him I was only going as far as Olympia for my audition but would be willing to drive him. He quickly hopped in my car and we were on our way!

We exchanged Names when he got in, Paul turned out to be a pretty cool guy! Told me about his furniture business in Germany and how it was his goal to travel the USA without spending a dollar or taking a dollar. I instantly was intrigued, I love when people make their dreams happen, being an actress myself. He asked about me and my career in Acting, Modeling, and dancing and how I found the audition I was going to etc. We jammed out to my SoundCloud for the duration of the ride and I started showing him new music he's never heard before.

The hour ride passed by quickly because we were having such a good time talking, I was actually saddened to see him go knowing that I would probably never see him again (because I connect on a deeper level than most) and as I stopped to drop him off I hopped out of my car to give him a long 20 second hug, wished him well and safe travels. I tried to slide a few dollars in his back pocket but he felt it and took it back out and tried handing it back to me. I shook my head and said I wanted him to take it, but he refused, which I understand why, (don't take a dollar, don't spend a dollar), but I couldn't help but TRY to give him something to feed himself. It became a game, I threw the money back at him and jumped in my car and rolled up the window and locked the doors so he couldn't give me back the money I'd given him, Paul knocked on my window and shook his head and smiled, I smiled back and made a heart with my hands and drove away shedding a couple tears for him in worry I headed to my audition. Needless to say… NAILED IT.

I am *SO* Happy that I ended up stopping and picking up Paul, His story of making his dreams happen gave me the inspiration I needed that day.

PICKTON BROTHERS

Auf dem Weg zur nächsten Autobahnauffahrt, ca. 500 Meter geradeaus, kam ich an einer Tankstelle auf der anderen Straßenseite vorbei. Vor der Tankstelle standen viele Autos, hinter der Tankstelle fuhren Trucks ein und aus. „Jackpot Nummer 2!", dachte ich mir. Was gab es Besseres, als eine Horde von Trucks, um mitgenommen zu werden. Vor allem nicht das, was mich erwarten sollte. Die Autos ließ ich im wahrsten Sinne des Wortes links liegen, als ich auf die Tankstelle zu ging. Rechts rum hinter die Tankstelle. Es gab nur zwei Optionen für die Fahrer: Süden oder Norden. Meine Chancen lagen also bei 50:50 einen Treffer in die richtige Richtung zu machen. Ich sprach den ersten Trucker in seiner Fahrerkabine an: „Hey, I'm looking for a ride South. Can you help me out?" Seine Antwort: „Sorry, heading North my friend." Das war dann wohl die falsche Seite beim Münzwurf. Der nächste würde klappen, dachte ich mir. Mit der gleichen Ansprache gab es bei Versuch zwei diese Antwort:

„Sorry, not allowed to take hitchhikers." Wieder ein Reinfall. Aber die Information war interessant. Ob es wohl für LKW-Fahrer verboten war, Anhalter mitzunehmen? War das ein Gesetz oder hatte der Arbeitgeber es ihm verboten? Das wollte ich herausfinden und unterhielt mich kurz mit dem Fahrer. Er erzählte mir, dass die Arbeitgeber strikte Verbote aussprachen. Zum einen kann so ein Mitfahrer Zeit kosten, den Fahrer ablenken und man wüsste nie, wen man da wirklich neben sich sitzen hat. Dazu kam noch das Problem, dass im Fall eines Unfalls keine Versicherung für mich zahlen würde. Bürokratische Probleme gab es also nicht nur in Deutschland. In Amerika galten die gleichen Gesetze. Ich wollte wissen, ob diese Regel für jeden Trucker gelten würde. Wenn es so wäre, hätte ich gewusst, dass ich Trucks ab sofort bei meinen Reiseplänen ignorieren könnte. So war es aber nicht. Eine Ausnahme gab es für die Fahrer, die mit ihrem eigenen Fahrzeug unterwegs waren. Die konnten komplett selbst entscheiden, weil sie selbstständig unterwegs waren. Eine Garantie für eine Fahrt war das zwar nicht, sagte mir mein neuer Tramp-Guide, aber die Chancen wären weitaus höher. Ich versuchte es also weiter. Mindestens 15 Trucks habe ich nacheinander abgepasst und es gab immer dieselben Absagen. Entweder sie durften mich nicht mitnehmen oder sie fuhren in die falsche Richtung. Vielleicht auch alles nur Ausreden. Wer wusste das schon. Bevor ich mich weiter auf den Weg an die Autobahnauffahrt machen wollte, wollte ich zumindest noch den Versuch unternehmen, einen der Autofahrer davon zu überzeugen, mich auf meiner Reise ein paar Kilometer weiter zu bringen.

Es war Mittag und ich hatte noch knapp 200 Kilometer vor mir, um wieder in der Zeit zu liegen. Kaum betrat ich die andere Seite der Tankstelle, auf der normale PKW standen, kam auch schon ein südländisch aussehender Typ auf mich zu. Er musste um die 30 Jahre alt gewesen sein. „Do you need anything?", fragte er mich. Ein bisschen verwundert ob die Frage wörtlich so gemeint war oder ob er mir etwas verkaufen wollte antwortete ich, „Well, I need a ride going South...". Der Mann strahlte mich lachend an und erzählte mir, dass sein Kumpel, der ein paar Meter weiter desinteressiert herumstand, auf dem Weg nach San Francisco wäre. „No Way!", dachte ich mir. Das waren gute 1000 Kilometer Strecke. Das wäre zu schön um wahr zu sein gewesen. Ich musste mit seinem Freund sprechen und nachhören, wie ernst ich die Worte des strahlenden Mannes nehmen konnte. Der Strahlemann erzählte seinem Freund, dass ich nach einer Fahrt in Richtung San Francisco suchen würde. Sein Freund schien nicht wirklich begeistert und keine Spur mehr interessiert, als vor 20 Sekunden. Nachdem Sindueno seinen älteren Freund mit Franzosenmütze und Schnäuzer aufgeregt über fünf Minuten versuchte zu überzeugen, dass er mich mitnehmen sollte, lenkte er ein. „Okay.", sagte der Freund wenig begeistert und ich hatte scheinbar eine Fahrt nach San Francisco sicher. Die Situation war seltsam und die Fahrt fühlte sich überhaupt nicht als verlässlich an. Die beiden passten auch gar nicht zusammen. Sindueno war ein kleiner, leicht übergewichtiger Typ mit Tattoos und südländischem Aussehen. Sein Freund muss um die 50 Jahre alt gewesen sein, war sehr ruhig, mit heller Haut und französischem Touch, durch seinen Schnäuzer und die Mütze. Da erfuhr ich auch schon den ersten Haken an der Geschichte: Die Fahrt sollte erst am nächsten Tag stattfinden. Das Ganze stank zum Himmel. Die Chance auf eine Fahrt von dieser Länge, erschien mir aber zu interessant, um einfach abzulehnen und den Daumen erneut rauszuhalten. Auf der anderen Seite jedoch, hätte ich 200 Kilometer Rückstand gehabt, wenn die Fahrt am nächsten Tag platzen würde. „Can I crash at your place for the night before we hit the road?", fragte ich Sindueno und seinen Kumpel. Es erschien mir sicherer, dass die Fahrt auch tatsächlich stattfinden würde, wenn ich die beiden nicht mehr aus den Augen ließe. Wer weiß ob die am nächsten Tag wieder aufgekreuzt wären. Die beiden sagten zu. Schlafplatz sicher, Fahrt nach San Francisco angeblich sicher. Die Situation, in der ich mein Gepäck in der Obdachlosenunterkunft einschließen ließ, stank auch zum Himmel und mein Vertrauen hatte sich bezahlt gemacht. Ich hoffte, dass sich das Spiel auch dieses Mal wiederholen würde.

Kurze Zeit später saßen wir im Auto zu meinem Schlafplatz für die Nacht. Die beiden Männer vorne, ich mit meinem Gepäck hinten. Zeit für ein bisschen Small Talk. Vor allem wollte ich aber das komische Gefühl loswerden, dass mit den Beiden irgendetwas faul war. „So what do you do, Sindueno?", fragte ich den strahlenden Fahrer. „Just came out of prison." antwortete er trocken. „Wie bitte? Der kommt gerade aus dem Knast?", dachte ich mir. Da musste ich genauer nachhören. „Can I ask you what you did?", fragte ich ihn. „Attempted murderer. They gave me 16 years.", war seine Antwort. „Fuck! Scheiße! Ich habe ein fettes

Problem!", dachte ich mir. 16 Jahre wegen versuchten Mordes und ich saß in seinem Auto, sollte die Nacht bei den Beiden schlafen und am nächsten Morgen 1000 Kilometer nach San Francisco fahren? Die Fahrt gab es nicht und ich saß in der Falle, waren meine Gedanken. Sofort erinnerte ich mich an die Geschichten von Siavash zurück. Die Pickton Brothers. Ich versuchte mir die Nervosität, die rapide anstieg, nicht anmerken zu lassen und schaute mich im Auto um. Direkt vor mir war eine kleine Spitzhacke und eine Handschaufel in den kleinen Stauraum hinter dem Fahrersitz gesteckt. Das machte die Situation alles andere als besser. Eine Spitzhacke und eine Schaufel? Ich hatte mich durch mein Vertrauen, welches ich jedem gegenüber aufbrachte, in eine absolut beschissene Lage manövriert. Die beiden vorne merken nichts von meiner Unsicherheit und den tausend Gedanken, die durch meinen Kopf rasten. Welche Möglichkeiten hatte ich? In Ruhe dachte ich nach. Aus dem Auto springen hätte mich verletzt und mein Backpack war zu schwer, um ihn mit mir herauszuziehen. Wahrscheinlich wären mir die beiden hinterhergekommen und meine Flucht wäre umsonst gewesen. Das musste ich schlauer machen. Ich wusste nicht wo wir hinfuhren. Vielleicht war ich gerade dabei verschleppt zu werden und sollte so schnell es geht aus dem Auto springen, weil es gleich vielleicht zu spät wäre? Ich versuchte klar zu denken und mich nicht von Chaostheorien verwirren zu lassen. Da hielt meine Gedankenachterbahn inne. „Welcher Entführer sagt einem vor der wirklichen Entführung, dass er wegen versuchten Mordes im Gefängnis war?"

An dem Gedanken war was dran. Das wäre eine komische Entführung. So beängstigend Spitzhacke und Schaufel in der Situation auch wirkten, es hätte wenig Sinn gemacht, diese für mich in Griffnähe zu legen. Ich habe mein Leben lang an das Gute im Menschen geglaubt. Bei allem Misstrauen, in diese mehr als merkwürdige Situation, wollte ich daran festhalten. Was blieb mir auch anderes übrig? Wenn die beiden etwas Schlimmes mit mir vorhatten, hätte ich ohnehin in der Falle gesessen. Jegliche Unruhe von mir hätte die beiden verärgern können und zu einem unnötigen Konflikt geführt. Ich entschied mich, meine Gedanken bei mir zu halten und erstmal den Plan weiterzuverfolgen und zu schauen was passierte. Wenn ich diese Reise durchführen wollte, musste ich lernen zu vertrauen. Das war mittlerweile mein Leitgedanke geworden.

Einmal half er mir. Würde er das auch ein zweites Mal? Nach einer Fahrt von etwa zehn Minuten kamen wir in einer Einfamilienhaus Wohnsiedlung an. Es ging durch ein ca. zwei Meter hohes Holztor, an einem Haus durch einen Garten vorbei zu einem anderen Haus, das in zweiter Reihe stand. Draußen lag eine durchnässte Matratze, ein altes Sofa und jede Menge Müll. Vor der Eingangstür standen unzählige Fahrräder. Ein Einkaufswagen war voll mit Bierdosen.

Als wir das Haus betraten wurde meine Stimmung kein bisschen positiver. Jeder der mich kennt weiß, dass ich nicht der ordentlichste Mensch bin. Was ich da vor mir sah, war allerdings die ekelhafteste Dreckskbude, die ich jemals gesehen hatte. Der Boden war durch hereingetragenen Dreck und Regen braun verschmiert. Der Küchentisch stand voll mit Gläsern, Flaschen, Bierdosen und Tellern. Die Küche war zugestellt mit dreckigem Geschirr und Töpfen, in denen sich aus Essensresten neue Lebensformen entwickelt hatten. Im Flur lag auf dem Boden aller möglicher Kleinkram. Das Haus war ein heruntergekommenes Loch. Im Fenster hing eine Piratenfahne. Ich dachte bisher die Obdachlosenunterkunft wäre nahe dem Abgrund gewesen. Der Ort an dem ich mich nun befand, war der Abgrund. Der Mann mit Franzosen-Hut und Schnäuzer hatte sich mir mittlerweile als Salvador vorgestellt. Das klang nicht Französisch. Ich konnte ihm seine Abneigung vor der Wohnung, in der wir standen, ansehen. Gemeinsam fingen wir an die Küche zu reinigen. Im Gespräch stellte sich heraus, dass Salvador mit Sindueno gar nicht wirklich etwas zu tun hatte. Die beiden fuhren nur zusammen von der Ostküste der USA auf die andere Seite nach Olympia, weil Sindueno zu einem Gerichtstermin musste. Der Knast stand an seiner Tür und klopfte. Die Verbindung der beiden kam nur durch einen gemeinsamen Freund zustande, der Salvador um den Gefallen gebeten hatte, Sindueno zu fahren.

Das waren gute Neuigkeiten. Salvador und ich saßen quasi im selben Boot. An einem Ort, der bei uns beiden gleichermaßen Abscheu hervorrief. So zogen wir an einem Strang und verbesserten unser Verhältnis zueinander, indem wir die Küche und die anderen Räume den kompletten Nachmittag über säuberten. Sindueno war mit tausend anderen Dingen beschäftigt, allerdings nicht damit, in seinem Haus mitzuhelfen. Das war mir egal. Schließlich war er auf mich zugekommen und hat mir den Kontakt zu Salvador, der mich nach San Francisco mitnehmen wollte, vermittelt. Einen Schlafplatz hatten wir durch Sindueno auch. Wo sich dieser allerdings in diesem Loch befinden sollte, wollte ich gar nicht wissen. Als die Küche in einem erträglichen Zustand war, tauchte Sindueno wieder auf. „Let's eat something!" rief er uns zu und öffnete den Kühlschrank. Außer einem Haufen vergammelter Milchtüten war da allerdings nicht viel drin. Zwanzig Minuten später schlenderte ich mit Sindueno durch die Gänge eines Dollar Stores. Das sind kleine Discounter in den USA. Salvador war im Auto geblieben. Während wir durch den Store gingen, steckte sich Sindueno alle möglichen Sachen in die Taschen. „Egal was der sagt, ich werde nix klauen", ging es mir durch den Kopf. Geschädigt von den deutschen Medien, ging ich davon aus entweder im Knast zu landen oder direkt ausgewiesen zu werden, sollte ich beim Ladendiebstahl erwischt werden. Sindueno hatte die Ruhe weg und setzte seinen *Einkauf* fort. Bei den letzten Sachen gab er sich gar keine Mühe mehr, die hingen halb aus seinen Taschen raus. „Der will doch nicht so rausgehen?", dachte ich mir und erklärte ihn in Gedanken für komplett bescheuert. Wie ein paar Zeilen zuvor beschrieben, erinnern wir uns, dass er am nächsten Tag einen Gerichtstermin hatte, der ihn zurück ins Gefängnis hätte befördern können. An der Kasse legte Sindueno zwei Artikel auf das Kassenband. Das waren jedoch nicht die beiden, die immer noch aus seiner Pullovertasche hervorschauten. Als wäre nichts gewesen, bezahlte er die beiden Alibi Artikel mit einer Bedürftigenkarte, die vom Staat mit Geld aufgeladen wurde und wir gingen raus. Die Kassiererin ignorierte den offensichtlichen Klau und wir saßen wieder im Auto. Weil ich nicht verstehen konnte, warum wir ohne Weiteres durch die Kasse kamen fragte ich bei Sindueno nach, warum niemand etwas sagte. Er erzählte mir, dass die Kassierer die Anweisung hätten, bei einem Diebstahl nicht einzuschreiten, da in der Vergangenheit zu oft mit Gewalt oder Schusswaffen Gegenwehr geleistet worden war. Um die Situation nicht eskalieren zu lassen, wurde man als Dieb also quasi durchgewunken. Sindueno hatte die Lizenz zum Stehlen. Ich war froh nur Zeuge gewesen zu sein und wir fuhren zurück.

Das Haus hatte zwei Etagen. Über den Tag verteilt tauchten noch drei andere Mitbewohner auf. Ein Mädel Mitte 20, die im Hinblick auf das Haus völlig fehl am Platz schien, ein Mann Mitte 30, der perfekt in das Haus passte und ein Typ Anfang 20, der im Garten eine kleine Hütte für sich hatte. Alle teilten den Anarchiegedanken, was die ungleiche Gruppe von Menschen zusammenbrachte. Es gab noch einen weiteren Mitbewohner in dem Haus. Der war gerade nicht da und ich durfte seinen Raum als Schlafquartier für die Nacht nutzen: Der Hohlraum unter einer Treppe. Der 2x1 Meter schmale Bereich war mit Müll, Kleinkram, einem Laptop und einem Haufen Kondomen bedeckt. Ich schob alle Sachen zur Seite und breitete meinen Schlafsack aus. Ein Bett gab es unter der Treppe natürlich nicht. Der Teppichboden sollte mir aber den nötigen Komfort geben. Spätestens in diesem Moment war klar, dass es diese Nacht im Schlafplatz Ranking unter die Obdachlosenunterkunft schaffen sollte. Mit einem mulmigen Gefühl schlief ich in der Hoffnung ein, dass die Fahrt in Richtung San Francisco mit Salvador am nächsten Morgen wirklich stattfinden würde.

ABKÜRZEN VERBOTEN

Am nächsten Morgen, Tag 5 meiner Reise, ging es früh raus. Zusammen mit Salvador und Sindueno fuhr ich zum Gericht. Sindueno hatte einen Sohn, der nicht bei ihm lebte. Ich konnte ihm seine Angst davor, wieder ins Gefängnis zu müssen, ansehen. Wir setzten ihn am Gerichtsgebäude ab, wünschten ihm viel Glück und machten uns auf den 1000 Kilometer langen Weg in Richtung San Francisco. Salvador stellte sich als unglaublich lieber Kerl heraus. Er war Käsefarmer im Bundesstaat New York mit einer ausgeprägten sozialen Ader. Auch wenn er mir erzählte, dass die Fahrt über San Francisco kein Umweg für ihn wäre, sagte mir Google Maps, dass er einen riesigen Umweg für mich auf sich nahm. „Bundesstaat New York", ging es mir durch den Kopf. „Der Typ fährt bis nach New York?" - Salvador fuhr bis nach New York und ich hätte die Reise mit ihm nach weniger als einer Woche abschließen können. Ohne zu Zögern lehnte ich ab. Ich wollte keine Abkürzungen. Das Abenteuer und der Weg bis zum Ziel waren das Potential dieser Reise, dass ich komplett ausschöpfen wollte. Genau 32 Tage, keinen Tag mehr und keinen

Tag weniger. An diesem Plan hielt ich fest. Mittlerweile hatte sich auch das Rätsel um Spitzhacke und Schaufel aufgeklärt. Salvador sammelte auf seiner Durchfahrt quer durch die USA farbiges Gestein, um es zu Farbe zu verarbeiten. So konnte er Indie Malern, die ihn sehr begeisterten, individuelle Geschenke machen und oft bekam er im Gegenzug eins ihrer Bilder. Die Fahrt dauert den ganzen Tag. Als wir an einem Rastplatz vorbeikamen, beeindruckte mich, dass Salvador einen Großteil seines Proviants an eine an der Straße sitzende Frau abgab. Er hatte noch fast die gleiche Strecke nach New York wie ich vor sich und brauchte die Lebensmittel selbst. Sein Mitgefühl war größer. Als seine Augen zufielen, übernahm ich das Steuer und fuhr mich selbst in Richtung Süden. Es fühlte sich gut an, das Steuer selbst in der Hand zu haben und die weiteste Strecke auf der bisherigen Reise zurückzulegen. Ich lag mehr als im Zeitplan und freute mich, kurz vor meinem ersten Etappenziel zu sein: San Francisco.

– KAPITEL 4 –

KALIFORNIEN

GOLDENER WASSERHAHN

Salvador setzte mich in Fair Oaks, Kalifornien ab. Es war schon stockdunkel draußen, als mir meine neue Gastgeberin Selysa lachend entgegenkam. Selysa hatte ich über *Couchsurfing* kennengelernt und sie nahm mich für die Nacht in einem riesigen Haus bei ihrer Oma auf. Im Innenhof stand ein trockener Brunnen aus weißem Stein. Rings um den Brunnen standen verschiedene Gebäude. Das Wohnhaus und Scheunen. Daneben große Gärten. In meinem Schlafraum stand eine große schwarze Couch zusammen mit einem Flügel. Mein eigenes Bad hatte goldene Wasserhähne. So schnell konnte man vom Hohlraum einer Treppe, dank *Couchsurfing*, nach oben aufsteigen. Auch wenn ich nach der zwölfstündigen Autofahrt todmüde war, saßen wir noch für eine Weile in der Küche. Selysas Bruder, ihre Oma, ihr Cousin und seine Freundin waren auch da. Mittlerweile war ich daran gewöhnt am Abend, wie jemand der in der Wüste aufgefunden wurde, mit Nahrung versorgt zu werden. So war es auch an diesem Abend und kaum hatte ich die Küche betreten, war mein Teller voll mit Dingen, an die ich mich jedoch nicht mehr erinnern kann. Lecker war es aber, das kann ich mit Sicherheit sagen!

Nach der Fütterung zeigte ich den Amis noch schnell, wie ein Deutscher richtig Kicker spielt und ließ mich danach ins Bett fallen. Als Bettdecke diente übrigens meistens mein Schlafsack, der sich als Volltreffer erwiesen hatte. Alle meine Schlafplätze waren bisher im Warmen gelegen und nachts fing ich so stark an zu schwitzen, dass ich den Schlafsack nur noch offen und halb auf mir liegend benutzte. Für den Fall der Fälle, dass ich mein Zelt aufschlagen würde, war ich also nicht nur in der Theorie gerüstet. Frisch aus dem goldenen Badezimmer, stolperte ich am nächsten Morgen zurück in die Küche, in der schon die nächste Mahlzeit wartete. Selysas Oma kam aus Mexiko und kochte ein typisches Gericht. Besser konnte der Tag nicht starten! Nach einem kurzen Trip in einen kleinen Ort, in dem Selysa mir einen ihrer Lieblingsplätze unter dem Bogen einer Brücke mit Blick auf den *American River* zeigte, ging es westlich in Richtung Sacramento. Die nächste Couch stand bereit.

KAYLA & KAIT

Nach Seattle war Sacramento die nächste größere Stadt, in die es mich trieb. Bevor ich nach Hosts über *Couchsurfing* suchte, tippte ich die möglichen Zwischenstopps in Google Bilder ein und ließ die ersten Eindrücke auf mich wirken. Sacramento hatte eine kleine Skyline. Nach Olympia und der langen Fahrt gen Süden, war es Zeit für etwas mehr Action. Sacramento sollte diese Action liefern. Für den Abend hatte ich mal wieder mehrere Leute angeschrieben und zwei Zusagen bekommen. Meine Wahl fiel auf die Mädels WG Kayla und Kait. Ein anderer User der Plattform konnte mir zwar keinen Schlafplatz anbieten, lud mich aber ein, mit ihm und einem Freund auf eine Party zu kommen. Angekommen bei Kayla und Kait, begrüßt mich ein kleiner weißer Hund. Im ersten Raum stand ein Sofa. Das sollte mein Schlafplatz für die Nacht sein. Links daneben war das Zimmer von Kayla. Rechts von Kaylas Zimmer war Kaits Zimmer. Noch weiter durch waren das Badezimmer und in der letzten fehlenden Ecke, das Wohnzimmer mit integrierter Küche. Die beiden Mädels waren auf dem Sprung und so hatte ich die Bude für mich alleine: Sturmfrei! Mit einem Tee begann ich meine wilde Hausparty und setzte mich an den Küchentisch. Jede freie Minute seit meiner Abreise verbrachte ich auf Instagram. Nicht um mir die bedeutungslosen Posts der gefeaturten C-Prominenz anzuschauen, sondern um Aufsehen bei Gary in New York City zu erregen. In Vancouver hatte ich den Instagram Account erstellt, als mir klar war, dass ich versuchen wollte zu Gary in die *#AskGaryVee Show* zu kommen. Dieses Ziel würde ich nur erreichen können, wenn ich es schaffen konnte, sein Interesse an meinem Vorhaben vor meiner Ankunft zu wecken. Als Instagram Neuling entdeckte ich sehr schnell eine Möglichkeit, die zu dem Zeitpunkt wahrscheinlich schon ein alter Schuh war: die Follower eines anderen Nutzers einsehen zu können. „Wen könnte meine Reise nach New York City, um in Garys Show zu kommen, mehr interessieren, als Garys Fans?", dachte ich mir. Als ich keine Antwort auf die Frage an mich selbst fand, begann ich massenweise Abonnenten von Gary selbst zu abonnieren. Mein Plan ging auf. In etwa jeder vierte, dem ich folge, sprang auf den Zug auf und hing sich digital an meine Reise. Jeden Tag tippe ich so oft auf *abonnieren*, bis Instagram mir die Meldung gab, ich könnte erst am nächsten Tag weitermachen. Wie genau mir die ganzen Abonnenten bei meinem Vorhaben weiterhelfen konnten, wusste ich noch nicht. Schaden konnte eine kleine Fangemeinde allerdings genauso wenig. Also hielt ich an meinem Plan fest und haute in die Tasten.

Kayla und Kait kamen zurück und hatten Marc im Schlepptau. Eine Dragqueen, die von Makeup weitaus mehr Ahnung hatte als die beiden Mädels zusammen. Kurze Zeit später gab es für mich eine Tour durch Sacramento und wie konnte es anders sein, für mein leibliches Wohl wurde gesorgt, ohne, dass ich etwas sagen musste. Es war mittlerweile übrigens Tag 6 und ich musste noch kein mal aktiv jemanden um Nahrung bitten. Ich war auch kaum in Gegenden unterwegs, in denen man hätte Geld ausgeben können. Marc lud mich auf einen In-N-Out Burger ein. Die Amis fahren ab auf diese Burger Kette. Ich wurde schon gefragt „Did you ever had an In-N-Out Burger in your life?", als würde von einem preisgekrönten Restaurant gesprochen werden, welches um die Ecke lag. Die Amis haben eben einen Schuss weg was ihre Burger angeht. Wie war das eigentlich, kommen die nicht aus Hamburg? Egal. Aufessen und Maul halten. Gestärkt war es nun Zeit, die dreier Gang allein zu lassen und mich auf den Weg zu Gady zu machen. Die erste Party der Reise stand auf dem Plan!

PSYCHEDELIC ROCK

Im Apartment von Gady lernten wir uns kurz kennen. In der Küche fanden wir noch ein paar Cornflakes, die wir vernichteten, bevor es wieder nach draußen ging. Psychedelic Rock würde laufen, sagte Gady. Er und sein Kumpel hatten alle möglichen Platten in der Wohnung und waren bis vor zehn Minuten noch in ein Gespräch über Song Details vertieft gewesen. Rock war gar nicht meins. Außer auf irgendeiner Dorf Scheunenfeier, konnte ich mit dem Geratter nichts anfangen. Der Psychedelic Teil klang allerdings interessant und ich war gespannt, was der Abend bringen würde. Den Eintritt übernahm Gady für mich. Wir kamen in einen großen Barbereich mit ein paar Gästen. Auf der rechten Seite ging eine Treppe nach oben in den Clubbereich. Bebende Musik kam uns entgegen. Langsam gaben wir uns dem Vibe hin. Der Raum war mit bunten Tüchern abgehangen. Mit drei Projektoren wurde buntes Licht auf die Bühne und die spielenden Künstler geworfen. Mein Blick schweifte durch den Raum und hinter mir sah ich einen älteren Mann, der wie ein DJ an den Projektoren herumhantierte. Auf den Projektorgläsern hatte der Licht DJ jeweils zwei gewölbte Glasteller mit bunter Flüssigkeit platziert. Durch das Licht, welches von unten kam, ergab sich ein wirres Farbenspiel auf der Bühne. Mit drehenden Bewegungen ließ der Mann die Teller aufeinander kreisen. Die Flüssigkeit war so in stetiger Bewegung und das Bühnenbild wechselte ständig. So sehr wie der Mann in seine Farbkreationen auf der Bühne vertieft war, so sehr war ich von seiner Arbeit fasziniert. Die Musik blendete ich aus und schaute mir über den kompletten Abend nur die Farben, die vor mir tanzten und den alten Mann, der hinter mir die Teller kreisen ließ, an. Nach drei, vier Stunden wurde mir das Farbenspiel zu bunt und ich verabschiedete mich von meinen Gastgebern. Die Wohnung von Kayla und Kait war nur zwanzig Minuten zu Fuß entfernt gelegen. Auf dem Weg nach draußen legte ich mir *Dancing People are never wrong - The Bianca Story* auf die Ohren. Der Song war mittlerweile mein Begleiter in Momenten, in denen ich für mich alleine sein wollte, geworden. Aus der Tür heraus trat ich in den Nieselregen und ging los.

GOLDEN GATE BRIDGE

Tag 7 brach an. Kayla und Kait weckten mich mit Rührei und einem Smoothie. Das muss einer der ersten Smoothies gewesen sein, die ich bewusst in meinem Leben getrunken hatte. Geiles Zeug. Nur das Eis bzw. die gefrorenen Früchte konnte ich nicht leiden. Das war mir zu kalt im Mund. Brrrr! Für den letzten Tag der ersten Woche stand San Francisco auf dem Plan. Die beiden Mädels hatten ein Auto und Lust auf einen Tagestrip. Wir entschieden uns eine kleine Wanderung in den Marina Headlands bei San Francisco zu machen und später in die Stadt zu gehen. San Fran war mein erstes Etappenziel - der Checkpoint war in greifbarer Nähe! Auf der anderthalbstündigen Autofahrt schlugen wir uns die Zeit damit tot, ein Kinderspiel von Kayla zu spielen. Es ging darum, in der Umgebung Buchstaben von A bis Z zu entdecken und einmal durch das ganze Alphabet zu kommen. Ein Buchstabe, der von einem anderen auf einem Schild, Kennzeichen oder wo auch immer schon entdeckt wurde, durfte nicht genommen werden. Bis zum Q waren wir alle ziemlich gleich weit auf. Als ich das Q entdeckt hatte, kamen die anderen Buchstaben recht schnell zusammen und das Spiel war gewonnen! Yeah! Angekommen an den Marina Headlands, stiegen wir aus dem Auto, um eine Karte zu suchen. Wir hatten keinen genauen Plan, wo wir lang wandern würden. Laut Karte hätten wir von dem Punkt aus, an dem wir standen, locker drei Stunden für eine Wanderung durch das Gebiet gebraucht. Ein paar Autominuten zurück war ein Startpunkt für eine kürzere Runde, die uns alle mehr begeisterte. Hardcorewanderer war wohl keiner von uns. Angekommen am neuen Startpunkt, liefen wir mit Sandwiches gestärkt die bergige Landschaft entlang. Rechts von uns ging es tief nach unten. Riesige Bäume standen auf dem Gelände und am Abgrund des Gefälles befand sich eine kleine Siedlung mitten in der Natur. Zwischendrin ein paar unbefestigte Wege, auf denen ein paar andere Wanderer umherliefen. Nach ein paar Minuten kamen wir an immer mehr Menschen vorbei und trafen auf eine Art alten Bunker. Vielleicht war es mal eine kleine Kaserne. Es gab mehrere kleine Zimmer, die offen standen, Aussparungen für Kanonen und viele verwinkelte Ecken. Über den militärischen Stützpunkt, damit können sich die Begriffe Bunker und Kaserne bestimmt gleichermaßen anfreunden, ging es zu einem Aussichtspunkt.

Vor uns lag die *Golden Gate Bridge*. Das weltweit bekannte Wahrzeichen sollte die Ankunft in San Francisco besiegeln. Um ehrlich zu sein, habe ich jedoch keine Ahnung was an dieser roten Brücke so besonders sein soll. Eine Brücke halt. Die obligatorische Orgie an Selfies und Gruppenfotos ließen wir uns natürlich trotzdem nicht nehmen und machten uns zurück auf den Weg zum Auto. Die Wanderung war im Nachhinein ein mini Spaziergang. Stören sollte das allerdings keinen von uns. Auf dem Weg in Richtung Innenstadt fuhren wir über die Golden Gate Bridge, die wir uns gerade noch von weiter oben angeschaut hatten.

In Richtung Hafen ging es. *Pier39* war unser Ziel. Eine am Wasser gelegene Touristenecke. Verschiedene Büdchen wie auf einer Kirmes standen auf dem Pier. Es liefen ein paar Shows und kleine Shops verkauften Zuckerwatte und Krimskrams. Auf der einen Seite machte ein Feuerspucker seine Show, um ein paar Dollar zusammen zu kriegen, auf der anderen Seite versuchten Akrobaten die vorbeiströmenden Menschen in ihren Bann zu ziehen. Beide Shows haben nicht besonders viel hergegeben, die Geldeimer füllten sich jedoch rasch. Da war es doch gut ohne Geld unterwegs zu sein. Da bleibt dann auch nichts für mittelklassige Shows übrig. Auch wenn ich noch nie in der Innenstadt von San Francisco war, interessierten mich die typischen Sehenswürdigkeiten nicht. Das war mir schon in Vancouver und Seattle aufgefallen. Nach einigen Reisen hatte das Offensichtliche seinen Reiz verloren und es ging mir vielmehr und die Menschen und Erlebnisse während des Reisens. Erlebnisse sollten noch so einige folgen und die angenehmsten Menschen der gesamten Reise sollte ich schon ein paar Stunden später kennen lernen.

FOREVER HOUSE

Meine Zeit bei Kayla und Kait war abgelaufen und der nächste Szenenwechsel stand auf dem Plan. Dieses Mal war es nicht ganz so leicht einen neuen Schlafplatz zu finden. Unzählige User auf *Couchsurfing* bekamen meine Anfrage, doch viel Rückmeldung gab es nicht. Ein Mädchen antwortete mir dann doch noch: Nikita. Sie wohnte nur ein paar Blöcke weiter und Kayla setzte mich vor meinem neuen Zuhause ab. Ich stand vor einem großen Haus. Zum Eingang führte eine fast über die gesamte Breite des Hauses gezogene Steintreppe. Über der obersten Stufe war ein riesiger Bogen aus Holz angebracht. Als ich durch diesen trat, stand ich auf einer kleinen Terrasse, durch die ich zur Haustür kam. Der Weg zur Tür war schonmal eindrucksvoll. Eine Klingel sah ich nicht, die Tür stand offen. Ich klopfte an und trat ein. Durch den langen Flur hörte ich Stimmen und folgte dem Geräusch. Da öffnete sich eine Tür und Nikita sprang mir fröhlich entgegen. Kaum hatte ich meine Sachen abgelegt, zog sie mich an der Hand zurück in Richtung Eingang. „Welcome to our Forever House!", sagte sie und zeigte auf ein kleines Schild über der Tür im Flur, die ins Wohnzimmer führte. Nikita war aufgedreht und voller positiver Energie. Im Wohnzimmer saßen noch ein paar andere Leute. Teilweise Mitbewohner, teilweise Freunde von Nikita und den anderen. Im Wohnzimmer standen zwei Sofas und ein paar Sessel. *Couchsurfing* traf den Nagel also auf den Kopf! Überall in der Wohnung hingen Bilder. Eine Tür war bemalt. Überall konnte man kleine verspielte Gegenstände finden. Die WG bestand aus sechs Mitbewohnern, die alle eine starke Bindung zu Kunst oder Musik hatten. Die komplette Truppe wirkte unglaublich sympathisch. Kaum angekommen, ging es auch schon nach draußen. Einmal im Monat öffneten die Galerien in der Umgebung ihre Türen für alle Interessierten. Die verschiedenen Werke der lokalen Künstler konnte man sich ohne Eintritt anschauen. Teilweise waren es ganz normale Wohnhäuser, die mit Bildern vollgestellt waren, teilweise moderne, in Szene gesetzte Ateliers. Zusammen mit Nikita und ihrer Mitbewohnerin Kayla (zu viele Kaylas für einen Tag!) machten wir die Gegend unsicher und stolperten von einem Haus ins Nächste. Wir waren für eine Ausstellung von einer Freundin der beiden eingeladen. In einem modernen Büro mit Glasfassade wurden an diesem Abend verschiedene Werke ausgestellt. Das Beste: Es gab Unmengen an Snacks. Ich drehte meine Runden durch die Ausstellung und legte die Snackpunkte geschickt auf meine Route. So fraß ich mich mit Käsewürfeln, Salamischeiben, Gurken mit Dip und anderem Knabberzeug durch den Abend. Eine ausgeprägte Ader für Kunst habe ich nicht und könnte auch kaum einen Maler dieser Welt aufzählen. Einiges gefiel mir aber dennoch sehr gut. Vollgefuttert ging es nach ein paar Stunden zurück ins *Forever Haus*.

Wir waren über den Abend verteilt eine Gruppe von drei bis acht Personen. Das Haus hatte mindestens sechs große Räume. Im Wohnzimmer lief entspannte Musik, in einem Zimmer wurden Games gezockt und unter dem Torbogen über der Eingangstreppe wurde ein Joint nach dem anderen geraucht. Ich wusste mittlerweile, dass Marihuana in einigen Staaten der USA legal war. In Kalifornien war das zwar nicht der Fall, der Umgang damit aber trotzdem weitaus offener als in Deutschland. Große Gefäße mit prallen Knospen standen herum. Je später der Abend wurde, desto mehr verlagerten wir uns auf die Sofas und Sessel im Wohnzimmer. Das Licht ging aus und eins von diesen Lichtern, welches sich dreht und bunte Farben an die Wand wirft ging an. Kayla griff zu ihrer Gitarre und fing neben dem entspannten Lichtspiel an zu singen. Spätestens in diesem Moment wurde mir klar, Kayla war eine der süßesten Frauen, die ich je getroffen hatte. Der einzige Haken an der Sache, ihr Freund war zusammen mit den anderen mein Gastgeber. Bei der unglaublich angenehmen Atmosphäre im *Forever House*, die ich empfand, siegte der Anstand. Ich ließ mich auf dem Sofa versinken und schlief zur Musik ein.

TRIBAL SEEDS

Nikita weckte mich am Morgen von Tag 8 meiner Reise nach New York City. Der Geruch von Rührei lag in der Luft. Nikita und ihr Freund Jerry waren in der Küche Frühstück am Vorbereiten. Für mich gab es einen Teller voll Ei mit Salsa Sauce und Brot. Nahrungstechnisch war mein Tag also mal wieder gerettet, bevor er eigentlich losging. Mit 1862 Kilometern auf der Uhr lag ich der Zeit voraus und entschied mich für zwei weitere Nächte in der Gegend zu bleiben und erst am zehnten Tag wieder aufzubrechen. Der Tag war vollgepackt. Nikitia betreute Abenteuerausflüge. Dazu gehörten Klettertouren im Yosemite Park, Wildwasser Fahrten und Mountainbiketouren. Finanziell ähnlich angeschlagen wie ich in diesem Moment, machten wir uns auf den Weg in das zweite Museum auf meiner Reise. Nikita hatte Freikarten! Auf dem Weg durch die Stadt erzählte Nikita mir ein Geheimnis, das ich in Seattle gut hätte gebrauchen können. Oft hätten Museen eine *Zahl so viel Du kannst* - Regelung, um finanziell schlecht gestellte Personen nicht vom Kulturprogramm auszuschließen. Das Seattle Art Museum nahm an der Regelung wohl auch teil. Meine geheime Mission zu Beginn der Reise wäre also gar nicht notwendig gewesen. Neben einem unglaublich realitätsnah bemalten Karton eines iMacs gab der Schuppen jedoch nichts her. Die meisten Werke waren uralte Sachen, die uns beide absolut kalt ließen. Der nächste Tagespunkt sollte da weitaus spannender werden. Nikita arbeitete neben ihrem Tour Guide Job bei *Sacramento Pipeworks* - der größten Kletterhalle an der Westküste! Seit Jahren interessierte mich die Kletterei. Wirklich ausprobiert hatte ich es jedoch noch nie. In der Mitte der Halle stand ein riesiges Holzkonstrukt, an dem an jeder Ecke weit oben jemand rumkrakselte. Alle Winkel, die man sich vorstellen kann, waren vorhanden. Vom leicht geneigten Winkel für Anfänger, bis zum vertikal zum Boden über Kopf klettern, war alles dabei. Allein den Profis zuzuschauen war schon beeindruckend. Das Zusammenspiel von Kampfgeist und bitterer Frustration war den Kletterern ins Gesicht geschrieben. Weiter hinten in der Halle gab es einen Bereich zum Bouldern. Also das Klettern in relativ niedriger Höhe ohne Sicherung. Das fand ich interessant: Komplett auf sich gestellt, mit der Gefahr abstürzen zu können, aber gleichzeitig dem Willen, weiter nach oben zu kommen. Ein Sturz hatte natürlich keine Folgen, dicke Matten lagen am Boden. Das Wissen, von der Wand abschmieren zu können, hatte jedoch seinen Reiz. Ohne Equipment oder jegliche Einweisung versuchte ich mich an einer Beginner Wand und war sofort in den Bann gezogen. „Ich fange mit dem Klettern an!", stand für mich fest. Neben den Kletterbereichen gab es noch ein integriertes Fitnessstudio, eine Crossfit-Area und einen Bodenturn Bereich. Hier konnte sich wirklich jeder austoben.

Mittlerweile war es Nachmittag und Zeit uns auf den Rückweg ins *Forever House* zu machen. Wir crashten für ein paar Stunden im Wohnzimmer auf der Couch, packten uns Kayla mit ins Gepäck und fuhren zur zweiten Party, seit ich vor acht Tagen gestartet war. Die Tribal Seeds, eine wohl recht bekannte Reggae Band, waren in der Stadt. Vor der Konzerthalle war eine riesige Schlange. Die Menschen standen sogar auf der gegenüberliegenden Straßenseite an und wurden von Ordnern in die richtige Richtung gewiesen. Während die Massen reinströmten, warteten wir den Andrang in gemütlicher Runde in der Bar nebenan ab. Kurze Zeit später standen wir zu dritt ein paar Meter von der Bühne entfernt. Die Gruppe lieferte eine fette Show ab. Der Schlagzeuger hatte die Nacht seines Lebens, ein Mitglied der Gruppe hatte Rastalocken bis zum Boden und der Leadsänger heizte der Masse ein. Vom offenen Umgang mit Gras hatte ich schon gesprochen. In Kombination mit einem Reggae Konzert sorgte das für eine so starke Rauchentwicklung auf der Tanzfläche, dass der Feueralarm an und die Musik ausging. Die Tribal Seeds nahmen die Situation locker und spielten in der Akustik Version weiter, bis sich der Qualm verzogen hatte und die Musikanlage wieder einsetzte. Bei einer Größe von zwei Metern falle ich in jeder Menschenmenge nach zwei Sekunden auf. Dazu zwei Mädels an meiner Seite, die begeistert von meiner Reise erzählten, sorgte dafür, dass wir in kürzester Zeit eine kleine Fangemeinde um uns hatten und den besten Abend der letzten Tage feierten. Als das Licht an ging, drückten Nikita und Kayla mir lachend den Autoschlüssel in die Hand. Seit fast sechs Monaten war ich nun schon nicht mehr gefahren, bis auf die Ausnahme von Olympia nach San Francisco. Es war also Zeit, um ein bisschen durch die Straßen Amerikas zu heizen. Die Mädels waren happy darüber, von einer Seite des Sitzes in die andere geschleudert zu werden und ich war happy, die sympathischsten Menschen überhaupt getroffen zu haben.

BYE BYE FOREVER HOUSE

Vor ein paar Tagen hatte mich einer der Menschen angeschrieben, denen ich auf Instagram gefolgt bin. Mittlerweile kamen auch immer mehr Reaktionen auf meine Posts. Immer wieder Kommentare von Menschen, die meine Reise verfolgten. Mein Plan Aufmerksamkeit von Gary Vaynerchuks Fans zu bekommen, schien fürs Erste zu funktionieren. Ken Merced hatte mich angeschrieben. Er hatte meine Posts gesehen und das Hashtag *#Sacramento* entdeckt. Er lud mich ein, etwas trinken zu gehen. Ich bot ihm an, mich doch direkt für eine Nacht aufzunehmen. Nach ein paar Nachrichten hin und her war Ken an Bord und mein Schlafplatz für die nächste Nacht war gesichert. Tag 9 sollte mein letzter Tag im *Forever House* sein. Am Morgen ging es für Nikita und mich zu einem College in Sacramento. Nikita hatte an einem Promotion Stand für ihre Touren zu tun. In der Zwischenzeit schaute ich mir den Campus an. Durch die Gänge schlendernd entdeckte ich einen Meditationsraum. Seit dem Vipassana Kurs hatte ich nur noch in der Obdachlosenunterkunft meditiert und es danach schleifen lassen. Der Raum kam also wie gerufen und da ich für die nächsten Stunden ohnehin nicht direkt etwas zu tun hatte, zog ich mich für eine halbe Stunde zurück. Als mich mein Handy aus der Meditation holte, rief auch schon Nikita an. Sie hatte uns etwas vom Buffet organisiert. Gestärkt ging es am Mittag zusammen mit Daniel, einem deutschen Freund vom *Forever House*, und Kayla zurück zu *Pipeworks*. Dieses Mal bekamen wir komplettes Equipment und hatten viel mehr Zeit als am Tag davor. Neben dem Klettern war die gespannte Slackline mein Highlight. Das letzte Mal, als ich auf einer Slackline stand, war ich barfuß, bin abgerutscht und habe mir mehrere Bänder gerissen und überdehnt. Vorsichtig stieg ich nun wieder drauf und hatte die Balance ziemlich schnell wieder drin. Slacklinen hat extrem viel mit Meditation zu tun. Wenn man sich zu sehr darauf versteift, in Balance zu bleiben, fällt man runter. Wenn man nicht konzentriert ist, fällt man auch runter. Die Mischung aus Gelassenheit und Konzentration lässt einen über das wacklige Band laufen.

Als wir nach ein paar Stunden alle außer Atem waren, war es Zeit, dass sich unsere Wege trennten. Meine Sachen standen gepackt bereit und Daniel wollte mich bei Ken absetzen, mit dem ich über Instagram am Schreiben war. Zum Abschied schenkte mir Kayla eine Kette, die sie selbst gemacht hatte und eine Karte. Zusammen schossen wir noch ein Abschiedsfoto und es ging in Richtung nächstes Abenteuer.

Nikita Fox, Sacramento

Hello friends,

My name is Nikita Fox and I have had a yearning desire within to travel for years. The timing just hasn't been right for me thus far. Unfortunately that's the lame excuse I've let hold me back from exploring the world so far. The first time I heard about the idea of couch surfing I thought it was the coolest idea ever. After spending a week leading a group of 10 college students on a spring break backpacking trip through the Grand Canyon and meeting fellow backpackers from all over the world, I decided that I wanted to start hosting couch surfers as a way for me to meet fellow travelers, and gain insight as well as exposure to various cultures. Little did I know at the time just how much I would learn, connect, and share with such likeminded individuals. I was bored at work the day I got the request from Paul to stay with me for the 4th or 5th night of his 30 day challenge to hitchhike across America. His request was much more unique than many of the seemingly generic requests I'd received before. I accepted his request immediately and went home that night to check out the video he had posted explaining his intentions for his journey. It already seemed like quite a challenging endeavor which is why I was rather surprised when I realized he'd be attempting to complete his journey without using money as a sense of currency. I honestly thought it was a little silly myself; a broke college student with hardly enough money for food and rent let alone money to travel. Nonetheless I thought it was a really cool idea and thought anyone willing to challenge themselves in quite this way must be pretty cool and worth meeting.

    Paul's path crossed mine early in his journey in Sacramento, Ca. I couldn't believe how many people had already doubted him so early on. On the 2nd night of his journey a hostel in Oregon turned him away when he offered to dishes or laundry in exchange for staying a night there. They told him it was never possible. Rightfully Paul didn't let that stop him. I welcomed Paul to our Forever House with anopen-minded perspective, so curious about his intentions for his travels. I had no idea how much I would learn from Paul in such a short period of time.

Paul is one of the most genuine and respectful humans I've ever met. Paul taught me the importance of absolute honesty always, in all aspects of your life. If you are not honest with others it is impossible to be true to yourself. One thing I realized while Paul was here is that oftentimes people pretend that they're okay when they're really not. They put on a front so others can't see what's really going on. They only reveal what they think others should see. When people do this they aren't being truly honest with themselves. I thought everything was okay in my life while Paul was here. Then an unexpected plot twist came out of nowhere and Paul just happened to become a part of it. Paul helped me through one of the most hurtful face to face interactions I've ever experienced from a friend. I'd never been so wrongfully insulted. Paul immediately supported me by telling me not to let the other person's negative energy in. He told me, "don't let it in, don't let it affect you." Paul shared that the strongest energy in the room always wins and that I should always be in control of the situation regarding my own emotions. Life happens and you can't just stop it from happening. People make excuses constantly and allow those excuses to keep them from fully experiencing their lives.

There is no point in wasting your life living in fear or waiting for your life to happen. Waiting for an opportunity is pointless, life happens, always. It's important to relax, and have faith that it will all work out, it usually always does. There will be ups and downs but you'll get through it. Paul's choice to attempt this journey without having currency to rely on would have terrified me, especially because of the uncertainty regarding meals. Surprisingly though, despite my lack of funds and food for myself we were some how able to manage. Lacking currency inspires creativity. Paul never once asked for food and I made my best effort to share what little I had to offer. Paul's journey taught me not to make excuses, rather, create opportunities for experiences to happen.

In addition to inspiring me to start traveling immediately, Paul has encouraged me to not allow the doubt of others stop me from achieving what I set my mind to. Creating this type of challenge for yourself forces you to be creative in ways you never though possible.

> So many Americans live outside their meansand that lifestyle in and of itself prevents them from experiences in their life they only wish they'd had. Thank you Paul for; inspiring me to be absolutely honest with others and true to myself always, for encouraging others to not make excuses for not experiencing life, for having faith in society and the fact that everything will work out, for inspiring the creativity within and for believe in yourself when others doubt you. Until our paths cross again..
> Cheers,
> Nikita Fox
> Sacramento, California

INSTAGRAM DATE

Als Ken mich auf Instagram angeschrieben hatte, dachten wir beide nicht, dass wir uns ein paar Tage später treffen würden und ich sogar auf seiner Couch crashen sollte. Er wirkte in unseren Nachrichten sehr unsicher darüber, ob er mich wirklich aufnehmen wollte. Der Kontrast zwischen der *Couchsurfing* Community, die fremden Menschen unglaublich offen gegenüber ist und direkt die Türen öffnet und den *normalen* Menschen, die einem erstmal mit Skepsis gegenübertreten, wenn man in das private Umfeld eindringen will, war interessant direkt zu erleben.

Ken konnte seine Frau davon überzeugen, mich vorbeikommen zu lassen und so stand ich am Abend von Tag 9 im Dunkeln vor seiner Haustür. Ken öffnete und stand mit dem größten Grinsen, das ich je gesehen hatte, vor mir. Seine Frau und seine zwei Söhne waren auch zu Hause. Mit Skepsis wurde ich beäugt. Wen hatte ihr Vater da wohl angeschleppt, ging es den beiden vermutlich durch den Kopf. Nach einem kurzen Kennenlernen ging ich mit Ken und seiner Frau Cara zu ihrer Stammkneipe. Ken war vorbereitet. Er hatte sich in einem kleinen Notizblock Fragen notiert, die er mir stellen wollte. Ich hatte mir nichts notiert. Ich war nicht vorbereitet. Der Kontakt auf Instagram kam übrigens dadurch zustande, dass Ken Gary Vaynerchuk gefolgt war und ich bei meiner täglichen Instagram Routine so auf ihn aufmerksam wurde. Die Taktik trug Früchte und bescherte mir direkte Kontakte zu der Community, die ich mobilisieren wollte. Ken erzählte mir davon, dass er für die lokalen Tankstellen die Social Media Accounts betreute und nebenbei damit beschäftigt war, eine Online Marketing Agentur aufzubauen. Er stand noch ganz am Anfang, gerade deswegen aber war er an Gary interessiert, der mit seiner Firma *VaynerMedia* sein Vorbild war. So schloss sich der Kreis und brachte uns in einer Bar inmitten von Sacramento zusammen. Während wir über Gott und die Welt sprachen, schaltete Ken den Live Streaming Dienst Periscope von Twitter zu, der uns in seinem Social Media Netzwerk präsentierte. Die Zuschauer, viele waren das nicht, konnten sich einklinken und in die Themen einsteigen.

Als wir irgendwann die Letzten in der Bar waren, gab es noch ein Foto mit mir für die Facebook Seite des Lokals und zum Abschied bekam ich ein potthässliches T-Shirt geschenkt. Es war geil zu sehen, dass mich fast jeder, den ich auf meiner Reise traf, unterstützte. Dass ich aber scheinbar den Eindruck erweckte, mit allem möglichen Schund besser voran zu kommen, war gar nicht geil. Das T-Shirt landete später in der Tonne und am Abend gab es, zurück im Haus von Ken, einen riesigen Berg mexikanisches Essen aus einer Fast-Food-Kette. Es war schon spät und meine Augen fielen zu. Auf der Couch machte ich es mir unter dem viel zu warmen Schlafsack bequem und schlief ein. Am nächsten Morgen sollte es früh weitergehen. Ken musste früh zur Arbeit und wollte mich in einem Starbucks absetzen und von dort wieder auf den Weg schicken.

Ken Merced, Sacramento

It was Thursday night when I discovered Paul Jonas and his #HitchhikeTheShow adventure. Only a few months prior I had been introduced to Gary Vee by my buddy Daniel Patrick Simmons. On this particular night, I was about to start engaging on social media when something caught my attention. You see, part of my engagement strategy is to search specific hashtags like #Sacramento and #AskGaryVee in order to connect with like minded people and make new friends. During this particular night while I was searching the hashtags #Sacramento (where I'm from) and #AskGaryVee (like minded people), I found an Instagram post that had contained both. I found out that Paul Jonas was coming through Sacramento on day 9 of his 32 day trip to the #AskGaryVee Show. I was immediately intrigued by Paul Jonas and his journey.

What I didn't realize is that I had connected with Paul a few months prior because of our common interest in Gary Vaynerchuk and what he was doing. As we began messaging back and forth, Paul had told me of his plans to hitchhike from Vancouver to New York with nothing but what he could carry and the generosity of strangers. He was also planning on doing this without any money. I was intrigued by his journey, but when I realized he was passing through Sacramento, I desperately wanted to meet up with him and hear more of his story. After a few more messages back and forth on Instagram, Paul and I exchanged phone numbers. We had decided we were going to meet up while he was in town.

Once we had an idea of when and where, Paul dropped the question on me, "Would you be able to host me for the night, from Monday to Tuesday? Any spot where I can put my sleeping bag." At that very moment, my intrigue turns to mild panic. Wait a second, I don't know this guy. What is my wife going to say? I don't know this guy. He is either legit, or he is a creeper who gets a thrill off of sleeping on stranger's couches. Maybe he's a serial killer. My thoughts oscillated back and forth between the pros and cons of this idea. Meeting over a few drinks is one thing but having a complete stranger stay the night at my house is something else entirely. On one hand, if this guy Paul is sincerely who he says he is, this is going to be a freaking awesome story to tell my friends. On the other hand, if he is not who he says he is, I may not live to tell this story to my friends.

I got up from my desk and walked into my bedroom where my wife was. "Soooo, I met this guy on Instagram and he is hitchhiking. . . do you mind if he crashes at our place on Monday?" If I could have captured the look on my wife's face, it probably could have made it in this book. I proceeded to convince my wife that Paul's Instagram profile seems legit and if he does actually make it on the Ask Gary Vee show, this is going to be an amazing story to tell.

"What about the kids?" she asked me. Now it's one thing to put my wife and I at risk by letting a complete stranger sleep on our couch. It's a whole other thing to risk the lives of my children. The reality of this situation is that I was considering bringing a stranger into my house.

At the end of our conversation, my wife says, "Ken, I trust you. Do what you think is best." The next step was to prep the kids on what could possibly be happening in the next few days. I told them who Paul was, what he was attempting to do and, most importantly, we don't know him.

After a few more messages and texts, I gave him my address and made what little preparations I could. I grabbed a little black notebook and wrote down some questions I wanted to ask him when we met up. I wanted to know everything: where he was from, how old he was and why he was doing this?

A few days later on the night of the meet up, I walked out my front to door meet my new friend from Instagram. The first thing I noticed was his large backpack. The second thing I noticed was his clothing. He was dressed in all black. Yes, all black. The third thing I noticed was how extremely tall he was. Granted, I'm 5' 11" so I not used to meeting very many people taller than me. The fourth thing I notice was his accent.

To be honest, things were a little awkward at first. At this point I still had no idea what I was getting myself into. He walked in, put down his gear and Paul, my wife Cara and I jumped into my truck and headed to our favorite dive bar down the street. I should mention that we had invited another friend to meet us at the bar just in case we needed backup. Ha ha!

We spent a few hours at the bar. I asked Paul the questions I had written down. I asked questions I hadn't written down. We talked about Gary Vaynerchuk and the #AskGaryVee Show. We talked about social media and Snapchat. We live streamed on Periscope. I learned that Paul is an entrepreneur from Germany. Most importantly, I discovered that Paul appeared to be a sincere and decent individual. After a few hours, we left the bar and headed to a local Mexican food spot. Once we arrived back at my place, we chatted in my living room a bit more until it was time to go to bed.

> Paul was set up on our couch and we went to bed. As I chatted with my wife in our bedroom and even while falling asleep I was still in disbelief of the situation.
> The next morning came. I got my kids off to school. Spent some time with Paul at coffee shop, ate breakfast and parted ways.
> What started off as intrigue had evolved into worry and progressed into anticipation for Paul's journey ahead of him. I am glad Paul followed my on Instagram. I am happy I reached out to him for using the hashtags #Sacramento and #AskGaryVee in his post. In retrospect, you can meet some great people through social media and sometimes you have to take chances.
> During the end of Paul's hitchhiking journey, I was diligently watching the Gary Vee's Snapchat stories, Facebook and Periscope livestreams and YouTube videos to watch this story unfold.
> Thanks for allowing me to be a part of this adventure Paul.

EIN ALTER BEKANNTER

Mark Souder aus Seattle hatte mich angeschrieben. Er war spontan in Sacramento zu Besuch und zufällig in Richtung Osten unterwegs. Nach meiner Ankunft vor ein paar Tagen in Kalifornien, sollte es für die nächsten drei Wochen auch geradewegs in Richtung Osten gehen. Das konnte ja was werden! Ken hatte mich am Morgen in einem Starbucks, ein paar Kilometer außerhalb der Innenstadt, abgesetzt und sich auf den Weg zur Arbeit gemacht. Bevor er verschwand, versorgte er mich noch mit einem Starbucks Frühstück. Für ein paar Stunden versank ich in meinem Laptop, postete mein tägliches Update auf Facebook und Twitter, folgte massenweise Fans von Gary und chattete mit ein paar Freunden aus Deutschland. Gegen Mittag kreuzte Mark auf. In einem großen gemieteten Ami Schlitten ging es auf den Highway. Ich hoffte, direkt einen Haufen Kilometer abreißen zu können. Der Neffe, den Mark besuchte, wohnte allerdings nicht allzu weit entfernt, jedoch ein gutes Stück weg vom Highway. Weit sollte mich die Fahrt mit Mark nicht bringen, ich freute mich aber ein bekanntes Gesicht nochmal wiederzusehen. Bevor ich mir Gedanken machte, wo ich mich mit meinem Pappschild positionieren würde, ging es allerdings erstmal was essen, wie es sich für einen Reisenden ohne Geld gehört. Drei Mahlzeiten am Tag sagt man schließlich! Mark hatte uns ein Restaurant ausgesucht, in dem er schon mal war. Von außen sah der Laden wie ein Raststättenimbiss aus. Von innen machte das Lokal allerdings einen edlen Eindruck. Definitiv gehobenes Ambiente. Kurze Zeit später hatten wir jeweils einen Salat, Fritten und das Hauptgericht, von dem ich keine wirkliche Ahnung hatte, was das eigentlich war, auf dem Teller. Was ich allerdings sicher sagen kann, das war das zarteste Fleisch, was ich je gegessen hatte. Komplett rosa und perfekt gegart, ließen wir uns das Essen auf der Zunge zergehen. Nur die Fritten konnte ich nicht ab! Die waren eher geformt wie Chips und mir zu kross. Da war ich noch nie ein Fan von. Während dem Essen erzählte Mark unzählige Storys und schnitt etliche Themen an. Um ehrlich zu sein, kann ich mich jedoch an nichts mehr erinnern. Ich konzentriere mich einzig und allein auf das, was sich auf meinem Teller abspielte. Verpflegungstechnisch war der Tag in diesem Moment zu einem Highlight auf meinen Weg durch die Staaten geworden. Für mindestens drei Tage vor dem Hungertod gerettet, war es Zeit aufzubrechen.

Im Auto schaute ich mir den Highway und seine Ausfahrten genau an. Eine Auffahrt mit Tankstelle hatte in Seattle super funktioniert. So ein Szenario brauchte ich wieder. Nach wildem hin- und herwischen auf meinem Smartphone und genauem Inspizieren der Umgebung, hatte ich tatsächlich eine Auffahrt mit direkter Tankstelle gefunden. Mark setzte mich ab und das Abenteuer ging weiter.

– KAPITEL 5 –

NEVADA

SCHLECHTE NEUIGKEITEN

Dass ich schon knapp 2000 Kilometer Strecke hinter mich gebracht hatte, allerdings erst einmal wirklich an der Straße stehen musste um mitgenommen zu werden, war mir in dem Moment, als ich meine neue *Haltestelle* anschaute, gar nicht bewusst. Die meisten Fahrten hatten sich irgendwie ergeben. Siavash, der zufällig nach Seattle gefahren war, ein Käsefarmer, der quer durch Amerika gereist war oder Mark, der mir zwei Mal über den Weg lief. Was meinen Fortschritt betraf, konnte ich mich absolut nicht beschweren, das lief wie geschmiert. Genauso schien es auch an diesem Tag - Tag 10 - weiterzugehen. Ich stand an einer Straße. Rechts neben mir die Autobahn, links neben mir die Tankstelle. Die Straße war so ruhig und schmal, dass ich ganz in Ruhe drüber gehen konnte. Ein paar Autos fuhren vorbei, ein paar Autos standen an der Tankstelle. Ich entschied mich, die Fahrer, wie auch schon in Olympia, direkt anzusprechen. Jemanden, der an der Straße steht, den ignoriert man schnell. Wenn man aber direkt gefragt wird, ob man jemanden mitnehmen könnte, dachte ich mir, da sagt man nicht so schnell Nein, wenn die Richtung passt. Die Richtung passte nicht. Der eine war auf dem Weg zurück nach Sacramento in Richtung Westen, der andere wohnte um die Ecke. Nach den ersten Fehlversuchen entschied ich mich zweigleisig zu fahren. Ich stellte mich zwischen Straße und Tankstelle, hielt mein Pappschild hoch und hielt Ausschau. Auf dem Pappschild stand auf der dritten Seite mittlerweile EAST. Dritte Seite? Ich war zu blöd um EAST richtig zu schreiben und hatte die zweite Seite mit ESAT beschrieben. Das war ein Schuss in den Ofen. Auf dem Schild blieb noch eine freie Seite. EAST würde allerdings erstmal reichen, dachte ich mir. Das war nicht zu konkret und brachte auf den Punkt, wo ich hinwollte. Meine neue Taktik war es, mit allen Autofahrern Blickkontakt aufzubauen, die auf die Autobahn auffuhren und jeden Tankstellenbesucher direkt anzusprechen. Der Spot war perfekt, nur die Mitfahrgelegenheit fehlte. Es tat sich nichts.

Die halbe Stunde Warten in Seattle waren wohl pures Glück, dachte ich mir. Wäre auch zu einfach gewesen, wenn jedes Mal direkt jemand anhalten würde. Nach drei Stunden erfolglosem Warten vibrierte mein Handy. Willkommene Ablenkung! Tülin, meine Freundin aus Deutschland, hatte mir per WhatsApp geschrieben:

12.01.16, 15:03:53: Tülin: Hey Paul, ich weiß nicht so recht wie ich dir das am besten erklären soll, ich bin im Moment sehr durcheinander, dieses Mal ist es irgendwie anders, mein Bauchgefühl sagt mir, es geht nicht gut auf Dauer so wie es zwischen uns ist, ich habe das Bedürfnis mich schützen zu müssen, ich muss einfach an mich denken. Unsere Erwartungen sind einfach andere, wir befinden uns in zwei unterschiedlichen Lebensphasen, die dann letztendlich doch aufs Alter zurückzuführen sind. Du hast nichts falsch gemacht, du bist ein wunderbarer Mensch. Es geht nur um mich. Falls ich dir nicht mehr schreibe, weißt du jetzt warum, ich wollte, dass du weißt, wie es um mich steht. Das letzte was ich will ist dich zu verletzen. Ich hoffe du verstehst mich. Es tut mir sehr weh, aber ich kann nicht anders...

Ich ließ mein Pappschild nach unten sinken. Mein Kopf war von der einen Sekunde auf die andere wie leergefegt. Ich ging weg von der Straße zu einer Art Park direkt neben der Tankstelle und wir telefonierten. Ich wollte wissen, was genau los war. Woher diese Nachricht aus dem Nichts kam. Meine Freundin war zu diesem Zeitpunkt 16 Jahre älter als ich. Im Hier und Jetzt war das kein Problem. Der Gedanke daran, was in 20 Jahren sein sollte, wenn der Altersunterschied eine größere Auswirkung haben würde, war jedoch beängstigend. Für uns beide. Es gab keinen Konflikt. Es ging einzig und allein um die Rahmenbedingungen. Nach dem Telefonat wusste ich, wir brauchten Zeit zum Nachdenken. Trotzdem wollte ich mich emotional auf meiner Reise schützen. Ich hatte noch zwei Drittel meines Weges vor mir. Die neue Situation kam zeitlich zu einem beschissenen Zeitpunkt. Ich entschied mich, eine Funkstille bis zu meiner Ankunft in New York City für uns einzuläuten. Lustlos stand ich wieder an der Straße. Meine Motivation, auf meinem Weg voranzukommen, war wie weggeblasen. Meine Reise hatte auf einmal keine Bedeutung mehr für mich. „Was mache ich hier eigentlich?", dachte ich mir und fragte mich, wem ich eigentlich etwas beweisen wollte auf meinem Weg Richtung New York City. Als mir die Person, für die ich zu diesem Zeitpunkt am meisten seit jeher empfunden hatte, entgleiten wollte, erschien alles andere so extrem bedeutungslos.

Mehrere Stunden vergingen, ohne dass jemand anhielt. Ich hätte mich vermutlich auch nicht mitgenommen. Positive Energie strahlte ich vermutlich nicht aus. Es dämmerte langsam. Mit meinen Gedanken bei der WhatsApp Nachricht und unserem Telefonat, nahm ich nur oberflächlich Augenkontakt mit jedem Autofahrer auf, der an mir vorbeifuhr. Meine Hoffnung, an diesem Tag noch raus aus Kalifornien in Richtung Osten nach Nevada zu kommen, gab ich so langsam auf. Die meisten Menschen, die vorbeifuhren, wohnten in der Nähe. Keiner reiste mehr als ein paar Kilometer. Mein Fokus verschob sich auf meine Umgebung. Ich schaute mich nach einer Möglichkeit zu Zelten um. Einen Schlafplatz hatte ich mir für die Nacht in Reno organisiert. Das war allerdings 160 Kilometer entfernt. Mittlerweile war es dunkel. Meine Gedanken spielten Pingpong. Meine Emotionen schwankten. Für die Zeit bis nach New York City wollte ich von diesem Tag an meine Gedanken und Gefühle zu meiner Beziehung aufschreiben. Die Zeit der Funkstille nutzen, um mir selbst klar zu werden, was ich wollte und ob die Rahmenbedingungen wirklich ein Problem darstellten, ob es andere Probleme gab oder nur die Angst vor potentiellen Schwierigkeiten in der Zukunft das Problem war.

Kaum hatte ich diesen Entschluss gefasst, hielt ein dunkles Auto vor mir an. Jason war auf dem Rückweg von seiner Arbeit als Mechaniker bei Coca-Cola und konnte mich 30 Kilometer mitnehmen. Insgesamt hatte ich gute sechs Stunden auf Jason gewartet und es erschien mir so, als ob mir die Aufgabe gestellt worden wäre, einen klaren Kopf zu bekommen und einen Plan zu entwickeln, um mit der so entstandenen Situation umzugehen. Als Lehre für meine Reise nahm ich mit, dass es eine schlechte Idee gewesen war, sich erst gegen Mittag an die Straße zu stellen, um eine Fahrt zu ergattern. Es war pures Glück, dass ich für diese Nacht nun doch nicht an der Autobahnauffahrt festsaß. Noch mehr Glück hatte ich, als Jason sagte, er würde mich bis nach Sparks fahren, dem kleinen Vorort von Reno, in dem ich einen Schlafplatz über *Couchsurfing* organisiert hatte. Das waren für ihn insgesamt drei Stunden an Autofahrt an seinem Feierabend, die eigentlich nicht auf seinem Plan standen. In meiner emotional angeschlagenen Situation war ich Jason unglaublich dankbar für diesen Gefallen, um den ich ihn nie gebeten hatte.

Wir machten einen kleinen Abstecher durch die Innenstadt von Reno. Die Stadt wird auch *Klein Las Vegas* genannt, weil der Stadtkern hauptsächlich aus Casinos besteht. Die Leuchtreklamen, blinkenden Lichter und Dollarzeichen an jeder Ecke waren surreal und bizarr. Ich konnte nur erahnen, was Las Vegas für eine seltsame Stadt sein musste. Gegen 22 Uhr kamen wir bei Mary in Sparks an. Sie wohnte ca. zehn Minuten vom Highway entfernt, der in Richtung Osten führte. Jason hatte mir meinen Arsch gerettet. Er machte sich auf den Weg in seinen wohlverdienten Feierabend und ich trat in den modernen Neubau von Mary ein. Ihr Mann war geschäftlich unterwegs, die Kinder aus dem Haus. Das Haus hatte nur eine Etage und war großzügig geschnitten. Durch die Tür gelangte man direkt ins Wohnzimmer. Weiter hinten war eine große offene Küche mit angrenzendem Esszimmer. Ein Flur führte zu weiteren Zimmern und Bädern. Ich hatte mein eigenes Zimmer mit King Size Bett rechts vom Eingang. Nach kurzem Small Talk fiel Mary in ihr Bett. Ich schnappte mir das Essen, welches sie mir auf dem Herd übrig gelassen hatte. Meine Augen fielen zu. Ich klappte mein Laptop auf und schrieb meine Gedanken zu mir und meiner Freundin runter, bevor ich im warmen Bett versank.

Gedankentagebuch: Angekommen in der Unterkunft in Reno. Gedanken fahren wieder runter, weniger aufgewühlt. Ironisch, nach sechs Stunden Warten und Nachdenken, schreibe ich Tülin 100%

ehrlich aus dem Moment meine Gedanken und fünf Minuten später sitze ich im Auto, von dem ich dachte es kommt nicht mehr. Als wäre mir eine Aufgabe gestellt worden, mich zu sortieren und die Gedanken zu einem Abschluss zu bringen. An der Straße noch die Idee gehabt Gedanken aufzuschreiben. Nur für mich. Vielleicht für dich? Ich weiß es noch nicht, erstmal auf Papier bringen. Was beeinflusst mich? Was kommt aus der Situation? Was aus Verlustangst und was aus Liebe? „Du bist der Typ, der eine feste Bindung sucht...". Du hast absolut recht. Seit langem vor die Nase gelegt, obwohl ich es weiß. Ich will nicht mit 10000 Mädels was haben, das bin ich nicht. Mache ich auch nicht. Spielen, ja. Aber ich lasse es nicht zu Sex kommen. So wie mit dir. Das ist nicht für jede. Und mit dir ist es toll, frei, ehrlich, fröhlich. Gedanklich bewege ich mich in die Richtung, in der ich mich frage wie ist es, nur eine Person zu haben, dich zu haben, und auf andere zu verzichten. Nicht stumpf, weil du da bist, als Dogma. Weil ich es dir verspreche. Von mir aus. Es besonders für uns mache. Ich hatte noch nie wahllosen Sex, bei dem ich dachte: Woah! Das war was ich wollte. Warum also? Nur um frei zu sein? Ist es nicht auch frei von mir aus es als besonders zu erachten und ohne Dogma, aber aus Aufwertung beider Positionen meine Brechstangen Ansicht zu ändern? Ist das beeinflusst? Die Gedanken hatte ich schon vor dem Telefonat... Wie schon gesagt, ich konnte früher besser schreiben als reden. Früher konnte ich nicht reden. Besser schreiben kann ich immer noch, die Gedanken brauchen manchmal länger, als es der Redefluss zulässt. Ich habe auch Angst davor, was passiert. Aber die Angst ist immer da. Die Wahrscheinlichkeit ohne Geld nicht nach New York City zu kommen ist enorm, trotzdem erzähle ich es jedem, den ich sehe. Die Blamage wäre riesig, wenn nicht. Und? Egal. 100% geben, wenn es nicht klappt, habe ich verloren? Nein. Verloren habe ich, wenn ich nur 50% gegeben habe. Versagt. Also was sollen die Ängste? Alter als Hindernis? Ich weiß, dass du 38 bist, 16 Jahre Unterschied. Nicht die 20, von denen ich immer spreche. Was sind 16 Jahre? Und warum überhaupt jetzt so eine Angst vor dem Knall haben, als ob etwas entschieden werden müsste. Muss es doch gar nicht. Und der Knall kann immer kommen, wie der Tod, der kommt auch. Höre ich deswegen auf Tolles zu erleben, damit ich nicht darauf zurückblicke, wenn es nicht mehr geht? Den Moment leben, was aktuell ist fühlen. Nicht hypothetisch in fünf Jahren. Sicher weiß ich, du bist die erste Frau, bei der ich mir vorstellen kann, das ganze Leben mit ihr zu verbringen und Kinder zu haben. Ich habe mich immer gefragt: Wie kann ich lieben, wenn ich weiß, ich will definitiv nicht den Rest meines Lebens mit dieser Person verbringen. Wenn ich das Ende schon sehe? Ich konnte es mir nicht beantworten. Mit dir kann ich es mir vorstellen. Das bringt mich dazu, mich dir zu öffnen und tiefer zu gehen. Ehrlich zu sein. Offen zu sein. Nah zu sein. Du bist toll. Gute Nacht.

IMMER RICHTUNG OSTEN

Am nächsten Morgen musste Mary früh raus. Mit einem Paket an Proviant setzte sie mich an einer Tankstelle direkt neben Highway 80 ab, der immer in Richtung Osten bis nach New York City führt. Das Reisen per Anhalter war wie für Amerika gemacht. Die Highways führen von der einen Seite des Landes bis zur anderen. Früher oder später würde jemand kommen, der ein paar Kilometer fahren würde und dann brauchte man nur auf den nächsten warten. Zwischen den Städten war für mehrere hundert Kilometer nichts außer Wüste, wie in Nevada. Von meinem Gefühl her war ich mit meinen knapp 2100 Kilometern absolvierter Strecke schon gut vorangekommen. Von den Zahlen her war das ⅓ des Weges. Als ich mir allerdings meinen Standort auf Google Maps anschaute, merkte ich was für einen langen Weg ich noch vor mir hatte. Ich befand mich noch komplett im Westen der USA und hatte eine Reise quer durch das Landesinnere vor mir. In Kalifornien war es schön warm. Ich konnte im T-Shirt rumlaufen. Auf dem Weg nach Reno sah ich schon den ersten Schnee. Je tiefer es ins Landesinnere gehen würde, desto tiefer sollten die Temperaturen sinken. In den nächsten Tagen würde sich zeigen, ob mein Equipment wirklich wintertauglich war.

Die Tankstelle, an der mich Mary abgesetzt hatte, war zwar nicht direkt an der Highwayauffahrt, wurde dafür aber rege besucht. Wir waren ein wenig außerhalb der Stadt und Reno liegt mitten im Nirgendwo der Wüste Nevadas. Wer dort hinausfuhr, fuhr wirklich sehr weit raus, dachte ich mir. Ich setzte mein mittlerweile eingespieltes warmes Grinsen auf und ließ niemanden ohne Augenkontakt an mir vorbei. Ein schön schlechtes Gewissen sollten alle bekommen, die mich sahen. Irgendwer würde dann schon anhalten und mich mitnehmen. Das war die Taktik. Nach nicht mal einer halben Stunde fuhr ein Streifenwagen auf der gegenüberliegenden Seite vorbei. Denen gefiel meine Anwesenheit nicht so sehr. „Move along!", kam es aus dem Lautsprecher. Die hatten anscheinend doch Verständnis, sie verstanden ja schließlich genau was ich vorhatte. *Move along*, das war genau mein Motto. Die Streife fuhr weiter. Meine Uhr tickte. Ich war mir sicher, dass die Polizei jeden Moment wieder vorbeifahren würde, um zu überprüfen, ob ich mich vom Acker gemacht hatte. Abseits des Highways, *Off Ramp*, wie es die Amis nannten, war Reisen per Anhalter in Kalifornien erlaubt. In Nevada scheinbar nicht. Jeder Bundesstaat hielt es da anders. Ich hatte Glück.

Keine fünf Minuten nach der Aufforderung mich davon zu machen, hielt Mark an, der mir genau dabei half. Er kam gerade von seiner Arbeit an einem lokalen Flughafen und nahm mich für knappe 50 Kilometer bis nach Fernley, Nevada mit. Das frühe Aufstehen hatte sich gelohnt. Es war noch vor Mittag und ein Viertel meines Tagesziels von 200 Kilometern war erreicht. Mark setzte mich an einer Auffahrt, zurück auf den Highway 80 ab und brauste davon. Der Highway in Sparks lag schon im Nirgendwo. Spätestens jetzt war ich wirklich im Nirgendwo angekommen. Auf einem Schotterplatz am Rand der Straße stand ich. Zwei Trucks machten Rast neben mir. Rings um mich herum nichts außer Wüste. Die potentiell weiten Fahrten zwischen Städten, zwischen denen weit und breit nichts war, klangen super, strandete man jedoch genau zwischen diesen Städten, hatte man die Arschkarte. Und ich hatte die Arschkarte. Ich legte mein Gepäck ab und machte mich sofort auf den Weg zu den Truckern, um möglichst schnell weiter zu kommen. Die Truckerfahrer waren entweder auf dem Weg in die andere Richtung oder wollten mich nicht mitnehmen. Mist. Das hatte ich mir einfacher vorgestellt mit den Trucks. Kaum zu glauben, dass ich bisher nur mit Autos unterwegs war. Das hatte ich komplett falsch eingeschätzt. Mein neuer

Standort war nicht schlecht. Kurz vor der Autobahnauffahrt mit einer riesigen Fläche für Autos zum Anhalten. Mein Backpack neben mir abgestellt und Musik auf den Ohren, breitete ich mein Pappschild mit der Aufschrift EAST vor meiner Brust aus und wartete ab.

– KAPITEL 6 –

UTAH

KÄLTETOD

Keine Stunde an der Straße, hielten zwei junge Typen an. Das Auto war vollgepackt und einer der beiden Jungs kam auf mich zugelaufen. „Where are you going?", rief Noah zu mir herüber. „Heading East!", antwortete ich. Stand schließlich auf meinen Schild. „Jump in!", war Noahs Antwort. Mein Gepäck passte gerade so in den Kofferraum und wir fuhren los. Noah und Connor saßen vorne. Ich hinten rechts. Links neben mir lag ein Haufen von Gepäck, der sich bis an die Decke stapelte. An der Rückseite des Fahrersitzes baumelten Karabinerhaken. Im Fußraum vor mir lagen Seile und weitere Haken. Die beiden kamen gerade aus Kalifornien vom Klettern und waren auf dem Weg zurück. Die Schule ging wieder los. Als nächstes Ziel hatte ich mir Salt Lake City ausgesucht. Das war der nächstgelegene große Ort mit knapp 800 Kilometern Entfernung. Noah und Connor waren auf dem Weg nach Denver in Colorado. 1600 Kilometer von Fernley. Jackpot!, dachte ich mir. Dass ich mindestens 13 Stunden im Auto vor mir hatte, war völlig egal. Ich dachte meine 1000 Kilometer Strecke von Olympia nach San Francisco war ein echter Glücksgriff. Mein Glück hielt halt. Vor ihrer Abreise hatten Noah und Connor sich gesagt, sie würden jeden Tramper mitnehmen. Ich war der Einzige, den sie gefunden hatten. Als die beiden das erzählten, fiel mir auf, dass ich auch noch keinem anderen Tramper über den Weg getramped war. Scheinbar war ich tatsächlich der Einzige, der so bescheuert war, im Winter auf die Idee zu kommen das Land von links nach rechts auf eigene Faust zu durchqueren. Auf der Rückbank machte ich es mir bequem, hing meine solarbetriebene Powerbank an den Haltegriff über dem Fenster und ging meiner täglichen Instagram- und Facebookroutine nach. Wir fuhren nonstop, bis es dunkel wurde. Connor und Noah hatten ihr Erschöpfungslimit erreicht, sodass wir an einem Straßenrand Halt machten und bis zum Morgen ein paar Stunden Schlaf tanken wollten. Eingepackt in meine dicke Daunenjacke, machte ich die Augen zu und schlief für ein paar Stunden.

Mein Schlaf war unruhig. Ich wachte kurz auf. Connor und Noah waren tief und fest in ihren Schlafsäcken am Schlafen. Ich nickte auch wieder ein. Wirre Träume begleiteten meinen Schlaf. Ich wachte wieder auf. Es war brutal kalt. Mein Schlafsack war im Kofferraum, der Motor war aus. Ich wollte die beiden Jungs nicht wecken, zog meine Arme aus den Ärmeln heraus in die Jacke hinein und saß so kompakt wie nur möglich auf dem Rücksitz. Die Seitenscheibe des Autos war von innen vereist. Ich schlief wieder ein. Ich kann mich an einen Traum erinnern, in dem ich (oder mein Geist) meinen Körper verlassen hatte und von außen zusehen konnte, wie Sanitäter Teile meines Körpers davontrugen und mit Blutkonserven hantierten. Ich wachte auf. Meine Hände und Füße waren taub. Ich konnte meine Zehen kaum noch bewegen. Mein Handy ließ sich nicht mehr anschalten. Der Blick nach draußen war durch eine Eisschicht auf den Fenstern verdeckt. Meine Gedanken drifteten zwischen Wachzustand und Traum. Ich wusste es ist kalt, ich spürte jedoch kaum etwas. Ich war nicht schmerzlich am Frieren. Ich war nur da und durchwanderte als Beobachter meiner Selbst die härteste Nacht meines Lebens.

Gegen 7 Uhr morgens wurde es langsam hell. Die Jungs wachten auf und schalteten den Motor an. Die Temperaturanzeige leuchtete auf. -11°C zeigte das Display. In der Nacht muss es noch kälter gewesen sein. Ich war heilfroh, als sich das Auto langsam aufwärmte und realisierte erst später, dass ich mich wahrscheinlich in Lebensgefahr befunden hatte. Starr durch die Kälte und gelähmt in den Gedanken, unternahm ich keinen Versuch an meinen wärmenden Schlafsack zu kommen oder den

Motor des Autos zu starten. Beim Tod durch erfrieren bibbert man vermutlich nicht leidend vor sich hin, sondern schweift zwischen Realität und abwesendem Zustand hin und her, bis sich der Kopf verabschiedet und der Körper auskühlt. Meine Daunenjacke hatten ihren Test jedenfalls bestanden und wir waren wieder auf der Straße in Richtung Colorado.

DENVER, ICH KOMME!

Mit den beiden Kletter-Jungs ging es noch für ein paar Stunden weiter auf dem Highway, bis sie sich entschieden, einen Abstecher über eine südliche Tour zu machen, um in Moab Eisklettern zu gehen. Nach einer Strecke von 1100 Kilometern, setzten mich die beiden in Thompson, Utah, kurz vor der Grenze zu Colorado ab. Nur eine Viertelstunde später saß ich im Auto von Caroline, die mich für 120 Kilometer bis nach Grand Junction in Colorado mitnahm. Grand Junction war nur ein kleiner Ort. Im Vergleich zum Rest der Orte, die auf der Strecke durch das Landesinnere lagen, allerdings eine Großstadt.

Direkt am Highway gab es zwei große Truck-Stopps und Tankstellen für Autos. Mittlerweile war es früher Nachmittag und ich setzte mich für eine halbe Stunde in den Bistrobereich des größeren Truck-Stopps. Für die LKW-Fahrer gab es Duschen und einen Kinoraum. In der Hoffnung, in eine der Duschen zu kommen, kundschaftete ich die Räumlichkeiten aus. Man musste sich an der Kasse einen Code kaufen, mit dem man in die Duschen kam. Mein Plan war es, vor einer der Duschen zu warten und durch die sich schließende Tür zu schleichen, wenn einer der LKW-Fahrer herauskam. Als sich nach 10 Minuten keine Chance zum hineinschleichen ergab und ich von allen Seiten komisch beäugt wurde, vertagte ich die warme Dusche auf einen anderen Tag. Der Truck-Stopp rief nach meiner ersten Fahrt mit einem Truck. Als erstes knöpfte ich mir die Fahrer im Bistro Bereich vor und fragte einen nach dem anderen, ob er mich mitnehmen könnte. Alle waren unglaublich freundlich, eine Fahrt gab es jedoch nicht. Als nächstes klapperte ich jeden der mindestens 30 LKW auf dem Tankfeld ab. Wieder kein Treffer. Das mit den LKW war eine verflixte Sache. Unglaublich, dass mich niemand mitnehmen wollte. Das war mein dritter und größter Anlauf von Langstreckenfahrern mitgenommen zu werden, der mit einem absolut niederschmetternden Ergebnis endete. Von nun an wollte ich den Fokus nur noch auf PKW setzen. Da gab es keine Chefs, die mir durch Verbote an die Fahrer einen Strich durch die Rechnung machen konnten und die Reisenden waren in ihrer Freizeit unterwegs, was sie entspannter machte. Auf der anderen Seite der Tankstelle waren die Zapfsäulen für normale Autos. Schon lange hatte ich aufgehört passiv an der Einfahrt zur Tankstelle zu stehen und stapfte auf jeden Neuankömmling zu, zeigte mein Schild und fragte direkt, „Where are you heading to?". So saßen die Leute in einer Zwickmühle. Es gab entweder die Möglichkeit nach Osten oder Westen zu fahren. Bei einem Treffer würde es schwierig sein nein zu sagen, wenn ich sie freundlich nach einem Gefallen fragte. So zumindest die Theorie. Nach zwei Stunden und mindestens 50 Versuchen ließ meine Motivation nach. Ich brauchte einen Szenenwechsel, schnallte meinen Backpack auf und ging in Richtung Autobahnauffahrt.

Viele der Autofahrer sagten, sie führen in eine andere Richtung, waren aus der Nähe oder hatten nur eine kurze Strecke vor sich. An der Autobahnauffahrt konnte ich genau sehen, wer wohin fuhr und hoffte, eine bessere Zielgruppe erreichen zu können. Bei dem Fußweg von ca. 400 Metern machte sich das viel zu schwere Gepäck, welches ich bei mir trug, bemerkbar. Ich musste mehrmals für einen kurzen Moment stehen bleiben und verschnaufen. „Was war denn da alles drin in meinem Rucksack, verdammt?" Lauter Kram, den ich in den ersten 12 Tagen nicht einmal gebraucht hatte. Ein Zelt, Besteck, Töpfe, drei Pullover. Gewicht, welches mich extrem unbeweglich machte. Angekommen an der Autobahnauffahrt stellte ich fest, dass Autos nicht wirklich anhalten konnten. Das war allerdings das Wichtigste, um jemanden zum Anhalten zu bewegen. Niemand wollte sich selbst und andere in Gefahr bringen oder einen Stau verursachen, nur um einem Fremden einen Gefallen zu tun. So war es auch einfacher, vor sich selbst zu rechtfertigen, warum man nicht angehalten hat. Ging schließlich einfach nicht. Nach einer halben Stunde gab ich auch diesen Posten auf und freundete mich mal wieder mit dem Gedanken an, mein Zelt wohl doch zu brauchen. Ringsum war freies Land. Daran sollte es nicht liegen. Den zweiten Truck-Stopp wollte ich allerdings noch ausprobieren, bevor ich die Flinte ins Korn werfen sollte.

Auf dem Fußweg zurück fand ich mit meinem EAST Schild in der Hand das Pappschild eines Obdachlosen. *HOMELESS AND COLD!! PLEASE HELP GOD BLESS ALL HAPPY HOLIDAYS*. So nah lagen Spaß und Realität beieinander. Direkt vor Augen zu haben, wie gut es mir ging und dass ich mich glücklich schätzen konnte, so eine Reise aus freiem Willen machen zu können, hob meine Laune direkt an.

Kaum an der zweiten Tankstelle angekommen, dauerte es keine fünf Versuche und John nahm mich die letzten 390 Kilometer bis nach Denver, Colorado mit. Ein Schweineglück hatte ich wieder einmal. Nicht wegen der Fahrt selbst. Sondern wegen dem Schneesturm, der sich anbahnte, wie John mir erzählte. Die bergige Durchfahrt nach Denver wäre einen Tag später nicht mehr befahrbar gewesen. Frühes Aufstehen und Durchbeißen bis zum Ende. Das war der Schlüssel zum Erfolg beim Reisen per Anhalter, wie für alles andere auf der Welt, was man erreichen wollte, auch. So klischeehaft das auch klingen mag. Nach drei Fahrten an einem Tag und 3500 gereisten Kilometern, kam ich im Stockdunkeln in Denver an. 12 Tage waren vergangen und mehr als die Hälfte der Strecke lag hinter mir. Mit einem guten Polster an Vorsprung freute ich mich auf ein paar Tage Aufenthalt in der Stadt. Weg vom Suchen nach Mitfahrgelegenheiten und hin zum Kennenlernen von neuen Leuten, die nicht nach einer Stunde im Auto wieder aus meinem Leben verschwinden sollten.

– KAPITEL 7 –
COLORADO

UNION STATION

Angekommen bei Pat, den ich in einer der Last Minute Gruppen von *Couchsurfing.org* angeschrieben hatte, gab es ein kleines Abendessen von Bagels und Eiern. Es muss schon kurz vor Mitternacht gewesen sein, sodass wir uns nur kurz unterhielten, eine Luftmatratze im Wohnzimmer für mich vorbereiteten und beide müde ins Bett fielen. Am nächsten Morgen musste Pat früh aus dem Haus zu seiner Arbeit beim American Indian College Fund, bei dem er Gelder für Stipendien im großen Stil sammelt und an von Indianern abstammende benachteiligte Schüler vergab. Schon am Abend hatte Pat mir angeboten, mich mehrere Tage bei sich aufzunehmen. Das Angebot hatte ich schon öfters bekommen, lehnte aber ab, weil ich gerne so viele verschiedene Menschen wie möglich auf meinem Weg treffen wollte, um ein möglichst differenziertes Bild von dem mir vor zwei Wochen noch völlig unbekannten Land zu bekommen. Ich hatte jedoch eine viel bessere Idee. Viele neue Leute treffen, schön und gut. Der unendlich schwere Backpack war mir jedoch ein Klotz am Bein, der mich bremste. Pat war damit einverstanden, dass ich alle schweren Dinge, die ich nicht wirklich brauchte, bei ihm lassen wollte. Bevor es weiterging, würde er mich die letzte Nacht noch einmal aufnehmen, damit ich meine Sachen wieder einpacken konnte. Besser hätte es mal wieder nicht laufen können! Mit meinem Laptop und den wichtigsten Sachen war mein Backpack nun federleicht und es ging auf dem Weg in die Stadt in Pats Lieblingsrestaurant, wenn es um amerikanisches Frühstück ging. Leider kann ich mich an den Namen nicht mehr erinnern. Der Burger, den ich auf den Teller bekam, ließ Denver allerdings essenstechnisch im Ranking nach ganz oben schießen.

Pat setzte mich an meinem ersten Ausflugsort in Denver ab: *Union Station*. Ein alter Bahnhof. Klang für mich nicht besonders interessant. Grundsätzlich bin ich ein absoluter Kulturbanause. Ziellos wie ich war, setzte ich jedoch einen Fuß in das große Gebäude und stand in einer riesigen Halle. In der Mitte befanden sich unzählige Sitzecken, die mit auserlesenen Designermöbeln bestückt waren. Es gab Sesselkombinationen, in denen man sich gut zu zweit unterhalten konnte. Es gab riesige Sofalandschaften, in denen man sich in einer Gruppe zurücklehnen konnte und lange dunkle Holztische mit goldenen Lampen, wie ich sie schon mal am Flughafen in Dubai gesehen hatte. Durch meinen Möbelhandel, den ich zu diesem Zeitpunkt für gut ein Jahr in Deutschland betrieb, hatte ich eine gewisse Affinität zu Polstermöbeln. Rings um die Sitzecken konnte ich in den Seiten der Halle verschiedene Restaurants und Cafés ausmachen. Ich hatte den schönsten und eindrucksvollsten Bahnhof vor mir, den ich je gesehen hatte. Nach den vielen Autofahrten und täglich neuen Gesichtern, kam dieser Ort wie gerufen und ich setzte mich an einen der Holztische mit den goldenen Lampen. Die nächsten Stunden versank ich an meinem Laptop, spielte Onlinepoker mit meinem Freund Christopher und unterhielt mich lange mit meinem Freund Jonas.

Am frühen Nachmittag wurde ich dann vertrieben, weil der Bereich, in dem ich saß, für eine Veranstaltung reserviert war. In Denver gibt es eine Buslinie, die einen kostenlos von der *Union Station*, entlang der Haupteinkaufsstraße, bis auf die andere Seite der Innenstadt mitnimmt. Die Stadt verstand, was ich brauchte und so fuhr ich ein paar Mal hin und her und stieg am Kapitol aus, ein Gebäude in dem die Legislative des Bundesstaats Colorados beherbergt ist. Ein altes Gebäude mit großer Kuppel und großen Stufen zum Eingang. Ich schlenderte durch die mit Marmor besetzen Gänge, kam an einer Art Kiosk vorbei, in dem ich kurz davor war mir etwas zu Essen zu klauen, es dann aber doch sein ließ, bis ich wieder an einem anderen Ausgang ankam. Pat wollte mich jeden Moment abholen und zu meinem nächsten Schlafplatz fahren, da kam der Stuhl am Ausgang gerade recht. Ich setzte mich und schaute mir ein paar Videos von Gary Vaynerchuk an, um mir die Zeit zu vertreiben. Fünf Minuten, bevor das Kapitol schließen sollte, kam ein Wachmann, dem ich scheinbar den Platz geklaut hatte und fragte mich, was ich dort zu suchen hätte. Ich sagte ihm, dass ich mich nur kurz setzen wollte und der Stuhl frei war. Verbohrt wie man sich die US Polizei vorstellt, war auch der Wachmann drauf. „Go Straight! Turn Right! Now Left!", dirigierte er mich nach draußen und verlor mich nicht aus den Augen. Den Ausgang, der genau vor meinem Sitzplatz lag, durfte ich natürlich nicht benutzen. Der war nur für Personal. Da war es besser einmal durch das gesamte Gebäude zu laufen, um am Ende direkt neben dem anderen Ausgang rauszukommen. Meine zweite Begegnung mit Offiziellen bestätigte das Bild, welches man im Kopf hat, wenn man an diese Jungs denkt. In Colorado war Marihuana übrigens legal, das hätte den guten Mann wahrscheinlich etwas entspannter im Umgang mit mir gemacht.

Kaum war ich draußen, kam auch schon Pat um die Ecke und es ging weiter zu Jessie, der in einer Universität lebte und arbeitete.

ENTSPANNT IN DENVER

Mit Jessie ging der Tag genauso entspannt zu Ende, wie er angefangen hatte. Jessie war ein ganz entspannter Typ. In seinem kleinen Apartment in der Uni machten wir es uns mit Cornflakes auf dem Sofa bequem und schauten uns ein paar Folgen Prison Break an. Jessie war eine Art Aufseher in der Uni. Als Mitte zwanzigjähriger allerdings einer der coolen Sorte. Wenn es irgendwo zu laut wurde, es Streit gab oder gewisse Substanzen im Spiel waren, war er dafür zuständig, die Situation zu entspannen. Erst wenn er nicht weiterkam, delegierte er die Angelegenheiten an eine höhere Stelle, die dann den Arschlochpart übernahm und hart durchgriff. Eingeschläfert von der Serie und ohne Verpflichtungen auf beiden Seiten, konnten wir am nächsten Tag ausschlafen. Das tat gut. Die letzten Tage ging es immer früh raus, weil die meisten bei denen ich gecrasht war, zur Arbeit oder sonst wo hin mussten. Am Mittag ging es dann in die Stadt, Jessie lud mich auf eine riesige Schüssel vietnamesischer Suppe ein und wir schlichen uns in ein Hyatt Hotel in den obersten Stock, um eine Aussicht über die Stadt zu haben. Man konnte sich ohne Probleme in dem Tower bewegen und hätten wir Badesachen dabeigehabt, wäre es kein Problem gewesen, einen Abstecher in den hauseigenen Pool zu machen. Hätte ich mal lieber die Badehose statt der Skihose eingepackt! Vollgefressen ging es nach dem Hyatt Besuch entlang der längsten Straße Amerikas, die keine Autobahn ist, weiter in ein Café, in dem wir auf einem Sofa crashten. Ganz entspannt ging Tag 14 meiner Reise zu Ende und es war Zeit für den nächsten Schlafplatz. Dan hatte mich über *Couchsurfing* eingeladen in seinem Apartment direkt in der Innenstadt, nur ein paar Blocks von der *Union Station* entfernt, vorbei zu kommen. Für den nächsten Tag hatte er ein Denver Highlight für mich in petto. Bevor es ins Bett ging, machten wir zusammen noch einen Stopp bei Taco Bell und futterten uns mit Burritos voll.

TAILGATING

Ich wurde von Stimmen aufgeweckt. Ich lag auf der Couch in Dans Apartment. Draußen war es schon lange hell. Verschlafen öffnete ich die Augen und bemerkte ein paar unbekannte Gestalten, die in der Küche hinter mir saßen. Dan hatte Freunde für das Wochenende zu sich eingeladen. Wahrscheinlich war für mich das nervigste am *Couchsurfen*, dass man morgens oft nicht mal ein paar Minuten für sich selbst hat. Meistens gibt es kein eigenes Zimmer oder einen Rückzugsort. Das ist natürlich auch vollkommen in Ordnung, schließlich bekommt man kostenlos einen Schlafplatz. Nach zwei Wochen auf der Reise, vermisste ich jedoch in solchen Momenten meinen eigenen Raum. Den eigenen Raum gab es nicht, also stand ich auf und schaute mir genauer an, wer mich da geweckt hatte. Thomas, Allison und Sam hießen die drei und waren am Morgen mit dem Zug angekommen. Am Nachmittag fand das American Football Playoff zwischen den Denver Broncos und Pittsburgh Steelers statt. Also ein Spiel für die Qualifikation zum Super Bowl. Dan war ein hardcore Broncos Fan und lud uns alle zum *Tailgating* vor dem Spiel am Stadion in Denver ein. Ich habe keine Ahnung, ob es das auch beim Fußball in Deutschland gibt, da ich noch nie im Stadion war. Jedenfalls treffen sich beim *Tailgating* Fans auf dem Parkplatz vor dem Stadion und heizen sich beim Grillen und Saufen für das Spiel ein.

Nach einem kleinen Frühstück zogen wir zusammen los, um ein paar Snacks und Bier einzukaufen. Zurück im Apartment, stellten wir das Auto in der Garage ab und orderten ein Uber (eine Art Taxi per App), um zum Stadion zu kommen. Nach dem *Tailgating* wäre Dan nicht mehr in der Lage gewesen zu Fahren, das wusste er vorher. Angekommen am Stadion, staunte ich nicht schlecht. Ich ging von ein paar Fans aus, die sich in der Größenordnung eines Supermarktparkplatzes treffen und ein bisschen feiern. Rings um das Stadion war jedoch alles mit Menschenmassen voll. An der Straße befanden sich Stände, an denen Fanartikel verkauft wurden. Auf dem riesigen Parkplatz, der sich kreisförmig um das Stadion erstreckte, gab es unzählige kleine Fanlager. Die einen waren mit ihren Autos gekommen und feierten aus dem Kofferraum. Eine andere Gruppe hatte einen Jeep und tanzte auf dem Dach. Dans Freunde warteten mit einem Pavillon und Grill auf uns. Nebenan stand ein riesiger Bus in den Teamfarben. Am Grill stopfen wir uns als erstes mit Burgern voll, bevor wir die Gegend und anderen Stände auskundschafteten. Die Stimmung wurde ausgelassener und so langsam kamen auch immer mehr Leute zu unserem Stand, an dem es den Pferdekopf aus dem Broncos Logo als Eisklotz gab. Von oben konnte man Alkohol in den Kopf kippen, den man dann vorne am Mund des Kopfes mit den eigenen Lippen auffangen konnte. Fünf Dollar kostete die Gaudi und die Leute waren begeistert. Ich selbst war mehr als Beobachter dabei, der sich das Spektakel anschaute. Seit zwei Jahren hatte ich zu diesem Zeitpunkt schon nichts mehr getrunken und außerdem konnte ich mit American Football nicht wirklich etwas anfangen. Trotzdem hat es aus der Touristensicht Spaß gemacht dabei zu sein und zu sehen, wie die Amis feierten. Als sich der Spielstart näherte, wurde es ruhiger auf dem Parkplatz. Die ersten strömten ins Stadion. Für uns ging es zurück in die Gegend von Dans Apartment. Dort machten wir es uns mit Thomas und den Mädels in einer Steelers Bar, also einer Bar der Gegner, gemütlich. Für Thomas als Steelers Fan hätte es nicht besser kommen können, für Dan als Broncos Fan nicht schlimmer. Über die nächsten Stunden gingen die Emotionen in der Bar wie eine Achterbahnfahrt hoch und runter. Ein Steelers Fan verlor seinen Ehering und fand ihn später in seinem Bierkrug wieder und ich verschwand kurz auf die Toilette und schrieb die Gedanken zu mir und meiner Freundin runter, die mir die ganze Zeit nicht aus dem Kopf gingen und auf *Papier* mussten. Das Spiel war zu Ende. Die Broncos hatten gewonnen. Wir saßen in einem Haufen trauriger Gesichter. Das war der Zeitpunkt die Biege zu machen. Über den Abend verteilt, sprangen wir von einer Bar in die nächste und ließen den Tag ausgelassen ausklingen. Müde und gut gelaunt, ging es in der Nacht mit Pizza auf der Hand zurück ins Apartment. Dan fiel besoffen ins Bett. Ich schlief erschöpft vom Tag ein.

HALBZEIT

Die Hälfte der Reise war rum. 16 Tage waren vergangen. Ich nahm mir Zeit, um zurückzuschauen und all die Erlebnisse, die ich gemacht hatte, revue passieren zu lassen. Vor gut zwei Wochen, am 03. Januar 2016, war ich gestartet. Ich hatte die längsten zwei Wochen meines Lebens hinter mir. Wenn man jeden Tag morgens früh aufsteht, unzählige neue Menschen kennen lernt, neue Gegenden erkundet und Neues erlebt, bleibt die Zeit stehen. Mit Sicherheit gab es jedoch auch drei Monate in meinem Leben, in denen ich nur einen Bruchteil der letzten zwei Wochen erlebt hatte. Überwältigt war ich davon, wie leicht bisher alles von der Hand ging. Gestartet war ich mit dem Wunsch nach Herausforderungen und dem Kampf ums Überleben. Vielleicht war es genau das, was mir die Reise zeigen sollte? Dass es keinen Kampf gab, wenn man selbstbewusst und offen in die Arena stieg, um sich der Angst zu stellen. Das Thema Unterkunft, Fortbewegung und Nahrung hatte ich mittlerweile gut im Griff. Über *Couchsurfing* kam ich ohne Probleme in jeder Stadt an Schlafplätze, ein Frühstück und Abendessen gab es meist dazu und wirklich lange stand ich nie an der Straße. Da konnte ich mich nicht beklagen. Ganz anders sah es mit dem Thema *#AskGaryVee Show* aus.

Da tat sich seit meiner Abreise nicht wirklich etwas und einen Plan hatte ich auch nicht. Über Instagram kamen immer mehr Follower rein, die Kommentare und Likes wurden mehr. Unter meinen täglichen Posts war Gary verlinkt. Ob er sich das ansehen würde? Unwahrscheinlich. Gary direkt anschreiben stand nicht zur Debatte. Wahrscheinlich wäre die E-Mail sowieso unter den hunderten E-Mails, die täglich bei ihm eingehen, untergegangen. Nein, ich wollte auf seinem Radar erscheinen, ohne ihn direkt zu kontaktieren. Das *Was* war definiert, das *Wie* galt es über die nächsten Tage herauszufinden.

Meine letzten zwei Tage in Denver ließ ich ganz entspannt angehen. Wirklich etwas zu sehen gab es nicht, dafür traf ich super nette Menschen. Von Dan aus der Innenstadt, ging es am Abend mit einem Lyft Gutscheincode zu Joshua, der ein paar Kilometer weiter wohnte. Lyft ist das gleiche wie Uber, eine Art Taxi, das meist von Privatpersonen nach freier Zeiteinteilung angeboten wird. Mit dem Gutscheincode konnte ich als neues Mitglied insgesamt fünf Kurzstrecken umsonst mitnehmen. Joshua hatte ein kleines Apartment. Überall standen kleine und große Kartons, teilweise bis auf Brusthöhe gestapelt. Er verdiente sein Geld mit Amazon FBA, ein unglaublich interessantes Thema, mit dem ich mich nie im Detail beschäftigt hatte, tatsächlich aber selbst einige Zeit Geld damit verdiente. Man kauft Ware günstiger ein, als sie bei Amazon verfügbar ist, stellt sie auf Amazon zum Kauf bereit und schickt die Produkte mit Etiketten versehen direkt an Amazon. Gegen eine Gebühr nimmt der Konzern einem die Logistik und Kundenkommunikation komplett ab. Bei einer Pizza gab Joshua mir einige Insights, wie sein System funktionierte. Wo er die Produkte kaufte, die auf Amazon zu hochpreisig waren, wie er automatisiert seine Preise durchgehend aktualisierte, um der günstigste Anbieter zu sein und wie er mit einem Zeitinvestment von teilweise weniger als einer Stunde pro Tag seinen Lebensunterhalt finanzierte. Wir hatten ein unglaublich interessantes langes Gespräch, auf das ich mit Sicherheit früher oder später in einer Sykpe-Session mit ihm wieder zurückkommen werde. Am nächsten Morgen ging es früh raus, wir stärkten uns mit einem typisch amerikanischen Frühstück in einem kleinen Café und unsere Wege trennten sich. Joshua arbeitete mit auffälligen Jugendlichen und gab ihnen einen Ansprechpartner, der sich auf ihrer Ebene zum Gespräch anbot. Ohne Verpflichtungen und ohne Erwartungen.

Vor allem aber war er kein Moralapostel, der ihnen irgendwelche Regeln auftischen wollte. Joshua erzählte mir, dass er Teenager hatte, mit denen er eine starke persönliche Bindung aufbauen konnte und eine wirkliche Veränderung in ihrem Leben bewirkte. Ein totaler Kontrast zum digitalen Lifestyle mit Amazon und dafür umso eindrucksvoller.

Für mich ging es zurück zu meinem neuen Lieblingsbahnhof: *Union Station*. Dort verbrachte ich den Tag auf einem der gemütlichen Sofas, erspielte mir im Poker gegen meinen Freund Chris zwei Hähnchen Curry Pizzen - die beste Pizza der Welt! - und ließ meine Zeit in Denver ausklingen. Am Abend sammelte mich Pat, bei dem ich mein Gepäck bei der Ankunft in Denver abgelegt hatte, ein und wir fuhren durch die City. Auf dem Weg zu einem Hotel, welches er mir zeigen wollte, fuhren wir an Mr. Peanuts Nussmobil vorbei. Ein Auto in Form einer riesigen Erdnuss, welches zu Promo Zwecken durch das ganze Land fährt. Ein Bild für die Götter. Angekommen beim teuersten Hotel der Stadt, wie Pat es mir vorstellte, machten wir einen kleinen Rundgang. Der Eingangsbereich gab das Innere einer Kuppel frei. So konnte man die verschiedenen Ebenen des Hotels sehen. Überall waren goldene Verzierungen und edelste Ornamente angebracht. Viel mehr war ich allerdings an den Menschen, die unter der Kuppel im Foyer vor uns saßen, interessiert. Man konnte ihre Energie förmlich spüren. Ohne ein Wort zu wechseln wusste ich, dass diese Menschen unglaublich interessante Dinge in Ihrem Leben hinter und vor sich hatten. In diesem Moment konnte ich mir gedanklich den oft gehörten Satz, „Die will doch nur sein Geld!", widerlegen. Es ging nicht um den offensichtlichen Reichtum, den diese Menschen hatten, sondern um das, was sie tun mussten, um an den Punkt zu kommen, an dem sie waren. Das war, was ihre Attraktivität ausmachte.

Mit dieser Weisheit im Gepäck ging es, wie es sich nach so einem edlen Hotelbesuch gehört, in Pats Lieblings-Steakhaus. Kopf und Bauch waren bestens bedient. Ich packte meinen Backpack für die Weiterreise am nächsten Morgen und schlief das letzte Mal in Denver ein.

NA GEHT DOCH!

Tag 18. Pat setzte mich an der Auffahrt zum Highway 76 ab, der auf Highway 80 führte und sich bis nach Chicago erstreckte. Schaut man sich die Strecke von Denver nach New York City auf Google Maps an, ist Chicago die nächste große Stadt, die einem ins Auge springt und das, obwohl 1600 Kilometer zwischen den beiden Städten liegen. An einem Tag war die Strecke kaum machbar. Auf dem Weg gab es allerdings noch die kleineren Städte Omaha, Des Moines und Iowa City. Ohne konkreten Plan hatte ich so zumindest mögliche Zwischenstopps auf der Uhr. Zurück auf der Straße stand ich in Sichtweite der Autobahnauffahrt. Eine Tankstelle gab es nicht. Ich stand direkt an einer viel befahrenen Straße, neben mir eine kleine Haltebucht, an der Autos gut anhalten konnten. Links von mir war ein riesiger Platz, der aussah, als würde dort in Kürze ein Trödelmarkt eröffnen. Einen Autofahrer nach dem anderen scannte ich ab. Viele LKW kamen auch vorbei. Es war noch früh am Morgen, spätestens 8 Uhr muss es gewesen sein. Da gab es wenige glückliche Gesichter für mich zu sehen. Was soll eigentlich dieses ständige unglücklich sein, nur, weil es Morgen ist? Das konnte ich noch nie verstehen. Nun gut. Nun war es so und da war es egal, ob ich das verstehen konnte. Es sorgte in jedem Fall dafür, dass meine Erfolgschancen deutlich geringer ausfielen. Dazu kam, dass die meisten aus Colorado kamen und vermutlich in Denver wohnten. Die Nummernschilder in Amerika lassen sehr einfach erkennen, wo das jeweilige Auto herkommt. Die Farben sind anders und teilweise steht der Bundesstaat auf dem Nummernschild.

Nach zwei erfolglosen Stunden erklärte ich meinen Spot für untauglich, schnallte meinen Backpack auf den Rücken und ging auf die andere Seite der Highway Auffahrt. Dort gab es neben der Abfahrt in die entgegengesetzte Richtung noch eine Tankstelle. Ich hoffte, dass einige Autos den Weg zur Tankstelle nahmen und in Richtung Osten fuhren, auch wenn sie dafür auf die falsche Seite des Highways mussten. Wie schon in Grand Junction, versuchte ich an Tankstellen aktiv eine Fahrt zu ergattern. Jeder, der an der Zapfsäule hielt, wurde angesprochen. Es wäre interessant zu wissen, wie viele Amis sich an den *Deutschen von der Tankstelle* erinnern können. Einen nach dem anderen fragte ich. Einen nach dem anderen. Mit jedem Versuch kam eine Absage dazu. Was mir mein

Gefühl bei den ersten Versuchen bereits gesagt hatte, bestätigte sich: Die meisten hier kamen aus der Nähe. Kaum jemand fuhr stadtauswärts, geschweige denn, eine weite Strecke. Nach unzähligen Versuchen sprach ich einen Redneck-Ami mit Pickup an. Er machte mir schnell klar, dass mein zweiter Standort genauso schlecht war wie der erste, er hatte jedoch eine Idee für eine bessere Ecke. Er nahm mich keine zwei Kilometer mit und setzte mich an einem Kreisel, eine Autobahnauffahrt weiter, ab. Dort gab es keine Tankstelle und kaum Autos. Angeblich aber regen LKW Verkehr. Toll. Mit LKW hatte ich ja bisher ein Heidenglück gehabt. Aber der Mann kam aus der Gegend und musste mehr Ahnung haben als ich. Also vertraute ich seinem Rat. Eine Ausfahrt des Kreisels führte mit einer verlängerten Auffahrt auf die Autobahn. Neben der Auffahrt gab es eine lange Seitenfläche zum Anhalten. Die Voraussetzungen passten.

Mit Musik auf den Ohren stellte ich mich an die richtige Ausfahrt aus dem Kreisel und passte jeden ab, der auf die Autobahn wollte. Übersehen konnte mich niemand. Nur anhalten musste irgendjemand. Allzu viel Verkehr gab es nicht. Das Gute war jedoch, dass ich ganz genau wusste, wer wo hinfährt. Das waren meine angenehmsten Situationen bei der Suche nach einer Fahrt, weil man seine Zielgruppe gezielt attackieren konnte. Der Traum eines Marketers! Die Leads waren da, die Conversions brauchte ich. Man muss die Sache schließlich interessant für sich machen. Ein LKW nach dem anderen fuhr vorbei und als ich nach einer halben Stunde einen weiteren LKW, der an mir vorbeifuhr schon fast abgeschrieben hatte, hielt der doch tatsächlich hinter mir an. Dass jemand anhielt passierte öfters, nicht selten kam es jedoch vor, dass sie dann nur kurz hielten, um alles Mögliche zu machen außer mich mitzunehmen. Ich lief also zu dem Laster und überprüfte die Lage: Ich hatte eine Fahrt! Mit einem Truck! Mit einem riesen Lachen im Gesicht lief ich, um meinen Backpack zu schnappen, ein paar Meter vom LKW weg und schlurfte unter dem Gewicht meines Gepäcks zurück. Ich warf meine Sachen zwischen den beiden Sitzen nach hinten in die Schlafkabine und sprang auf den Beifahrersitz. Der Fahrer stellte sich als Brian vor und wir waren unterwegs. Direkt habe ich überprüft, ob es stimmte, was mir erzählt wurde. Dass nur Fahrer mit eigenem Wagen mich mitnehmen würden. Und so war es. Der Truck gehörte Brian und er war auf eigene Rechnung unterwegs. Es fühlte sich gut an in der großen Kabine weit oben zu sitzen, einen guten Überblick zu haben und nach dem langen Stopp in Denver wieder unterwegs zu sein. Gute 3500 Kilometer hatte ich schon hinter mir und brauchte, um mein Tagesziel zu erreichen, keine 100 Kilometer mehr. Noch viel besser wurde es jedoch, als Brian mir in Aussicht stellte, bis nach Omaha zu fahren. Das war die halbe Strecke nach Chicago, 864 Kilometer. Immer wieder war ich überrascht, was für weite Fahrten ich erwischte. Das war der Vorteil an einem so großen Land mit viel freier Fläche zwischen den Städten. In Deutschland müsste man sich die Strecke wahrscheinlich mit Fahrten von 20 Kilometern zusammenpuzzeln. Der Truck hätte perfekt in ein Filmset gepasst. Ein altes Armaturenbrett mit unzähligen Schaltknöpfen und Hebeln, wie in einem kleinen Flugzeugcockpit. Die Windschutzscheibe war mit Straßendreck bedeckt und nur der Bereich, den die Scheibenwischer erreichten, bot klare Sicht. Ein Foto dieser Scheibe habe ich übrigens für die Rückseite dieses Buches verwendet. Brian war um die 40 Jahre alt und hatte Frau und Kind. Während der siebenstündigen Fahrt erzählte er ununterbrochen. Über Gott und die Welt. Der Typ hatte ein derart großes Mitteilungsbedürfnis, dass ich mir teilweise wünschte, lieber auf der Ladefläche des LKWs gelandet zu sein. Die Hälfte der Fahrt versuchte er mir eine 140 Kilo Frau, die er kannte, schmackhaft zu machen. Das gehöre zum echten amerikanischen Abenteuer, sagte er. Ich lehnte vehement ab und er machte sich einen Spaß daraus, immer wieder mit diesem Thema um die Ecke zu kommen. Bei all dem Gerede war Brian jedoch ein herzensguter Mensch. Zusammen mit seinen Kollegen organisierte er Benefizveranstaltungen, auf denen sie Geld für - ich glaube - krebskranke Menschen sammeln. Er selbst gab sogar die Prämien, die er durch das viele Tanken erhielt, für den guten Zweck ab. Es war beeindruckend zu sehen, wie Menschen, die selbst wenig haben, von dem Bisschen noch etwas an Schwächere abgaben. Unterwegs versorgte uns Brian mit Nudeln und Pizza von einem Truck-Stopp und es ging weiter in Richtung Omaha. Einen Schlafplatz hatte ich mir auf der Fahrt über die *Couchsurfing* App schon organisiert und ein erfolgreicher Tag auf der Straße ging zu Ende.

Brian setzte mich als es schon dunkel war auf dem Seitenstreifen der Autobahn, kurz vor der Ausfahrt Omaha ab. Er selbst konnte mit dem Wagen nicht in die Stadt fahren. Durch den Schneematsch stapfend, bewegte ich mich zum nächst gelegenen McDonalds, in dem ich auf

Vanessa wartete, die angeboten hatte mich aufzusammeln und mit zu sich zu nehmen.

– KAPITEL 8 –

NEBRASKA

ACHTERBAHN

Vanessa wohnte zusammen mit einem Mitbewohner in einer Vierzimmerwohnung in Omaha. Der Mitbewohner war nicht zu Hause, dafür aber Vanessas Hund. Ein kleines weißes aufgedrehtes Fellknäuel. Nach sieben Stunden Dauerunterhaltung mit Brian auf dem Highway war ich fix und alle. Ich freute mich auf die Couch und darauf alleine zu sein. Vanessa ging ins Bett und ich machte es mir in ihrem Wohnzimmer bequem. Ich war genervt. Vom Reisen. Vom ständigen unterwegs sein. Vor allem aber von den unglaublich kurzlebigen Bekanntschaften, die ich jeden Tag machte. Es war unglaublich interessant jeden Tag unzählige neue Menschen und deren Storys kennen zu lernen. Ich vermisste jedoch tiefer gehende Beziehungen. Verbindungen, die unter die Oberfläche dringen. Konstanten, die sich nicht nach wenigen Stunden wieder zerschlugen. Es waren erst gute zwei Wochen vergangen und schon merkte ich, wie das dauerhafte auf Achse sein meiner Energie raubte. Nicht körperlich. Vom Kopf her. Die ständige Interaktion, durchgehende Konzentration und Einfühlungsvermögen in neue soziale Interaktionen. Ich war genervt von meiner eigenen Reise. Eingepackt mit einer Decke machte ich es mir auf dem Sofa bequem und schlief ein.

Am nächsten Morgen, als Vanessa noch schlief, setzte ich mich ans

Laptop und machte meine täglichen Posts für Facebook und Instagram fertig. Mittlerweile postete ich immer einen Tag nach den Ereignissen, um den Tag komplett zusammenfassen zu können. Wen ich getroffen hatte, was es zu essen gab und wo ich am Abend gelandet war. Nichts davon ahnend, dass dieses Social Media Update wohl das wichtigste auf der ganzen Reise war, setzte ich mich mit Vanessa an den Esstisch. Es gab zwei Eier, ein paar Bohnen und Brot. Vanessa war unglaublich entspannt unterwegs. Daran erinnern, was sie genau in ihrem Leben machte, kann ich mich nicht mehr. Es muss aber irgendetwas künstlerisches gewesen sein. Mit weiten Klamotten im Morgenlook ließen wir den Tag auf uns zukommen, als mein Handy vibrierte. Ein Blick auf mein Handy weckte meine Aufmerksamkeit, ich hatte eine Nachrichtenanfrage auf Facebook:

21.01.16, 11:10:19: FOX 42 KPTM: Hi Paul,
My name is Maria and I'm a reporter with Fox 42 in Omaha. Saw your post that you will be in Omaha today and wanted to see if you had time for a quick chat about this experience? Sounds like quite an interesting journey, and we'd love for you to share it with us. Feel free to give me a call (402) 679-XXXX.
Maria

Das war genau das, was ich gebraucht hatte! Schlagartig veränderte sich meine negative Stimmung vom Vorabend zu Euphorie auf das, was kommen würde. Insgeheim hatte ich schon bei der Abreise die Idee, es irgendwie in eine Zeitung oder das Fernsehen schaffen zu wollen. Neben meinem strammen Programm, welches ich mir vorgenommen hatte, wollte ich aber die Füße stillhalten. Auf einmal machte meine tägliche Routine von Updates auf Facebook und Co. Sinn. Aufmerksamkeit war das, was ich brauchte, um an Gary zu kommen und diese klopfte gerade an meine Tür. Ich zögerte keine Sekunde und wählte die Nummer von Maria, die in der Nachricht angegeben war. Sie ging direkt ran und freute sich über meine schnelle Rückmeldung. Sie erzählte mir, dass sie Lust hätte einen Beitrag über mich für die lokalen Nachrichten zu machen. „Nichts besser als das!", dachte ich mir und sagte zu.

Nur ein paar Stunden später saß Maria ausgestattet mit Videoequipment, professionellem Mikrofon und vorbereitetem Interview neben mir auf der Couch und stellte mir alle möglichen Fragen zu dem, was ich da in Vancouver begonnen hatte und was mich 4400 Kilometer weit bis nach Omaha getrieben hatte. In diesem Moment war es schön zu sehen, wie sich die Punkte miteinander verknüpften. Für mein Stipendium für Vancouver musste ich mich schon selbst filmen. Den ersten Satz musste ich gefühlte 20 Mal aufnehmen, weil ich entweder keinen Satz geradeaus sprechen konnte oder nur Nonsens aus meinem Mund kam. In Vancouver machte ich im Rahmen eines Public-Speaking-Kurses zusammen mit meinem Freund Calvin jede Woche ein Video von mir selbst, in dem wir uns in der Öffentlichkeit vor die Kamera stellten und ein Recap über unsere Leistungen im Public-Speaking-Kurs erzählten. In einem dieser Videos stand ich in einer vollen Straßenbahn, baute Stativ und Kamera auf und fing lautstark an zu quatschen, während die anderen Fahrgäste mich irritiert anstarrten. Genau diese Erfahrungen, die damals noch keinen wirklichen Sinn ergeben hatten, halfen mir nun komplett entspannt ein TV Interview zu geben.

Nachdem die Sprechszenen im Kasten waren, brauchte Maria noch ein paar B-Roll Segmente. Das sind die Bildszenen, die den gesprochenen Text in Berichten untermauern, um nicht durchgehend nur ein Gesicht zu zeigen. Wir filmten mich in der Wohnung, wie ich meinen Backpack packte, zeigten am Laptop meine Reiseroute und fuhren zusammen in die Innenstadt von Omaha, um mit einem Kollegen von Maria ein paar Segmente zu drehen, in denen wir zusammen durch die Stadt liefen und sie mir Fragen stellte. Dazu muss ich sagen, dass die Innenstadt von Omaha eher einem Dorf gleicht. Viel gab es da nicht zu sehen. Hinter die Kulissen von so einem Nachrichtenblock zu gucken, war dafür umso interessanter. Vor allem, wenn man selbst die Neuigkeit war. Ha, das war lustig! Nach den Dreharbeiten ging es zurück zu Vanessa. Für ein Projekt von ihr wollte sie ein paar Bilder draußen im Schnee mit einer Installation von ihr, ihrem Hund und ein paar Gegenständen machen. Endlich gab es Verwendung für meine gefühlt fünf Kilogramm schwere Spiegelreflexkamera, die ich auf der gesamten Reise noch kein mal im Einsatz hatte. Wir machten jede Menge Bilder und der Tag ging schneller vorbei, als ich denken konnte.

Vanessa Velasco, Omaha

First of all!! I am sooooo happy for you. You are doing amazing things and am 100% here for you if you ever need anything. I don't think I can contribute much to the vast accomplishments you will do but I have a few tricks up my sleeve! Why did I host you??? Well, I host everyone that asks, lol. Not to say you're not special but I think everyone living the vagabond life is special. I haven't really sat and thought about the reason I enjoyed hosting but now that I am kind of "forced" to I have come to the conclusion that there is a deeper connection.

I grew up in a large household. My grandmother was the "head" of the house. Our home was located in Laredo, Texas. If you haven't heard of this place, then you should be sooooooo happy. Growing up in a border town isn't like any movie or television show covering the Mexican Border life. It's so complex and although there was some treacherously complicated moments it was beautiful at times.

There was always people hanging around. My grandmother had everyone in her house, uncles, friends, friends of friends, girlfriends. There was a train that ran a block behind our home. Many people from distant lands would hop on this train and take it as far as they could into the U.S. Honduranina, Cuban, Guatemalan, Mexican and so, so many more. Sometimes these people would end up in our backyard. It's all a haze to me but I remember growing up thinking guests were royalty. We would give them our last piece of food, give up our beds, and at times give the literal clothes of our backs.

I never thought of any "guests" as poverty stricken. I never looked at anyone of these people, regardless if they were relatives, family friends, or strangers, with pitty. I would see someone new and would automatically think, cool, we are having a big dinner, we are hearing new stories, we will laugh till our bellies ache today, I will see people dance, I will be told I am pretty more today than the regular day, lol. My grandmother passed away when I was in middle school, and I hopped around some places; Relatives, strangers, friends, foster homes. Most of the time, I was treated like shit but I was so young that I didn't even realize that I was being treated badly. I have made peace with these memories and although I tend to repress that part of my life, there is a moment in there that remains close to my heart. One of my most memorable places was at one of my tia's homes (tia is spanish for aunt). To the day, she is someone I go to, to seek refuge. She used to live in Miami and she too had a seamless way of connecting people through her hospitality. At that time she too was the "head" of her household. She had her best friend living with her, her boyfriend, who ended up bringing his sons and brothers from Peru to live all under her roof. My tia made room for me and I was the happiest girl in the world while I lived there. She hosted people, she danced, she was unapologetic for her ostentatiousness. But soon this came to an end and I spent many years "finding myself". I reconnected with My tia (aunt) and by this time her best friend had passed away, she was no longer with that man that used to live with her, along with his family. She was still salacious and not concerned with anyone's opinions. I started to visit her frequently and it was as if nothing had changed, well some things changed. Her boyfriend was Cuban now and she met him while she was assisting a group of Cuban refugees by hosting them and helping them with their immigration paperwork. Pretty soon she had several people from Cuba living in her bedroom. Oh, she also managed to adopt three of my little cousins who had been separated by the state and placed in foster homes. Even with all of this, everytime I would come over, she would treat me like a celebrity. I had a VIP pick up at the airport, home cooked feast, dance party, hugs, kisses, drinks!!! Lol, just amazing , amazing on going love.

I guess I said all of that to say this. I decided to let you in my home because I love to host, not because I thought you were "cool" or because it was the "right" thing to do but because offering my home to people is somehow paying homage to the loveliest people in my life. The people in my life whom I revere opened their homes to any and everyone and amazing things happened. It is embedded in my blood and somewhere in the deepest part of my heart.

ALLES WIRD GUT

Meinen nächsten Schlafplatz bot mir Errol an, ein Mann Mitte 40, der in einem ruhigen Vorort von Omaha wohnte. Vanessa setzte mich bei ihm ab und das nächste Kapitel begann. Jemand musste mich erhört haben. Nicht nur kam durch den Newsreport frischer Wind in die Reise, bei Errol gab es auch ein eigenes Gästezimmer mit eigenem Bad für mich. Er lebte alleine in einem großen Haus. Viel zu groß für eine einzelne Person. Zwei Wohnzimmer, mindestens drei Badezimmer, mehrere Schlafzimmer, eine offene Küche und ein riesiger Garten. Genau richtig für eine Person! Kaum angekommen, musste Errol auch schon los. Essen mit Freunden. Ich hatte also sturmfrei und das Haus für mich alleine. In der Küche machte ich es mir mit Laptop an der Theke bequem. Kaum hingesetzt, klingelte mein Handy.

Tülin rief an. Seit meiner Abfahrt aus Sacramento hatten wir nicht mehr telefoniert oder geschrieben. Nur meine täglichen Gedanken schrieb ich runter. Das wollte ich so noch machen, bis ich in New York City war. Die musste mir was zu sagen haben, dachte ich mir. Sonst würde sie ja nicht anrufen. Ich ging ans Telefon. Sie hätte mir nichts zu sagen, wollte nur meine Stimme hören. Das sagte genug und nach ein paar Minuten war uns beiden klar, dass wir nicht ohne einander konnten. Egal was uns die Rahmenbedingungen für Steine in den Weg legten. Frischer Wind lag in der Luft. Ich hatte für diese Nacht mehr Raum, als ich einnehmen konnte und Tülin und ich waren wieder vereint. Am gleichen Abend wurde auch schon der TV Bericht in den lokalen FOX News ausgestrahlt. Mit meiner Kamera in Bereitschaft, wartete ich gespannt auf meinen Einsatz auf dem Fernseher, um einen Mitschnitt von der Ausstrahlung zu filmen. Maria hatte einen sehr schönen Bericht zusammengeschnitten und zu meiner Freude den für mich wichtigsten Sprechteil nicht rausgeschnitten: „So I have one more goal on this whole trip, which is getting on the *AskGaryVee Show*." Das war der richtige Weg, um an Gary zu kommen. Nur durch einen Facebook Post kam ich an FOX News Omaha. Wie sähe es wohl aus, wenn ich selbst TV Auftritte ins Boot holte? Ich hatte ein neues Ziel vor Augen: Auf dem Weg nach New York City so viele TV Berichterstattungen wie möglich mitnehmen. Wie genau mir das beim Thema Gary in die Hände spielen würde, wusste ich nicht, aber das würde sich schon irgendwie ergeben, dachte ich mir.

Den Rest des Abends verbrachte ich damit alle Fernsehstudios auf meinem weiteren Weg ausfindig zu machen. Des Moines war die nächste Stadt. Weiter ging es über Iowa City nach Chicago. ABC, NBC, CBS und wie sie alle hießen. Jeder Sender, der bei Google einen Eintrag hatte, kam auf meine Liste. Massenweise E-Mails schickte ich ab. Schnell fand ich heraus, dass die einzelnen Reporter, wie Maria, direkte Kontaktdaten veröffentlicht hatten. So konnte ich die einzelnen Reporter des jeweiligen Senders sofort anschreiben. Solange auch nur einer die Story interessant fand, hatte ich den Deal. Bei einigen Sendern fand ich nur die Namen der Reporter, aber keine E-Mail-Adressen. Hier erinnerte ich mich an einen Tipp, den ich von einem Prof in Vancouver bekommen hatte. Wenn man an die E-Mail-Adresse einer unerreichbaren Person gelangen wollte, klappte es meistens, den Vor- und Nachnamen aneinanderzuhängen, ein @ Zeichen dran zu packen und den Firmennamen dahinter zu legen. Der Trick funktionierte. Nach zwei bis drei Kombinationsversuchen hatte ich das Muster der E-Mail-Adressen raus und die News Welt hatte mich im Postfach. Meine Augen wurden schwer und das Bett verschluckte mich.

– KAPITEL 9 –
IOWA

ROADTRIP MIT MARIA

Tag 20 - Errol war zurück. Draußen lag Schnee. Den großen Garten konnte man durch die Fensterfront aus dem Wohnzimmer sehen. Der Schnee war unberührt, bis auf ein paar kleine Tapser. Eichhörnchen sprangen durch den Garten. Mindestens fünf Stück hüpften von einem Baum zum anderen, hopsten durch den Schnee oder knabberten an den Futterkolben, die Errol nahe der Fenster ausgelegt hatte. Für eine halbe Ewigkeit schauten wir zusammen aus dem Fenster heraus den Eichhörnchen im Schnee zu. Neben den Futterkolben standen Wasserkrüge, über deren Rand sich die Nager beugten, um sich am Wasser zu bedienen. Ein wunderschönes Bild in Kombination mit dem Schnee und der Ruhe die von Errols zu Hause ausging. Errol war ein sehr bedachter, eher ruhigerer Typ. Wir unterhielten uns über die damals noch bevorstehenden US Wahlen und seine Prognosen zum Wahlergebnis. Wie von vielen, bekam ich auch von ihm den Eindruck, dass, egal wer die Wahlen gewinnen sollte, die Politik in Amerika ein Desaster war. Mit Politik habe ich aber nichts am Hut und genauso wenig wie ich damit nichts am Hut habe, habe ich Ahnung davon. Deswegen soll das auch schon alles zu dem Thema sein, was ich in diesem Buch schreiben werde.

Mit Maria von FOX News hatte ich noch ein wenig gequatscht. Ich erzählte ihr von meinem nächsten Ziel, Des Moines, welches nur 220 Kilometer von Omaha entfernt liegt und die Hauptstadt von Iowa ist. Sie war selbst noch nie zuvor in Des Moines und entschied sich kurzerhand zu einem Roadtrip mit mir. Ihr Auto randvoll mit Proviant bepackt, holte sie mich am Nachmittag bei Errol ab und es ging weiter. Raus aus Nebraska und auf nach Iowa! Die Landschaft war, seit ich Kalifornien verlassen hatte, unglaublich schön. Nicht weil so viel zu sehen war, sondern gerade weil nichts zu sehen war. Rings um mich herum konnte ich bis zum Horizont schauen. Mit Schnee bedeckte, unglaubliche Weiten, wie man sie in Deutschland nicht kennt. Das war mir das erste Mal bei einer Reise nach Südafrika aufgefallen, dass man in Deutschland immer direkt etwas vor der Nase hat. Im Auto saß ich oft nur da und ließ meine Gedanken schweifen. Auf dieser Fahrt jedoch, versank ich im Gespräch mit Maria. Wir verstanden uns schon während des Telefonats, nachdem sie mich angeschrieben hatte, so gut, dass wir die ganzen drei Stunden auf dem Highway durchquatschten. Ich organisierte mir auf dem Weg den nächsten Schlafplatz bei Charly und Maria entschied kurzer Hand das Abenteuer zu verlängern und ebenfalls die Nacht in Des Moines zu verbringen. Ein paar Nachrichten zwischen Charly und mir später, war auch Marias Schlafplatz gesichert. Vollgestopft mit Oreos, Dorito Chips und Gummibärchen, kamen wir am Abend in der Stadt an. Es war schon stockdunkel und die Straßen hell erleuchtet.

Nachdem wir ein paar Runden durch die Straßen gedreht hatten, um einen besseren Eindruck von der Stadt zu bekommen, knurrte Marias Magen. Meiner nicht wirklich, ich war schließlich mit Snacks vollgestopft. Zeit für etwas Richtiges war es also allemal. Wir entschieden uns für ein Brauhaus in der Innenstadt und machten es uns bequem. Das war eine der undankbaren und unangenehmen Situationen meines Projekts. Nach einem aufregenden Tag mit Maria, dem Fernsehbericht, dem dreistündigen Roadtrip und haufenweise Knabberkram war jetzt genau der richtige Zeitpunkt, an dem ich mich hätte revanchieren und sie zum Essen einladen können. Stattdessen musste ich ihr wieder bewusstmachen, dass Geld ausgeben für mich tabu war. Ohne, dass ich sie darum gebeten hatte mich einzuladen, steckte sie natürlich auch in der Zwickmühle. Mir etwas voressen - dafür war sie zu lieb. So blieb ihr quasi nichts anderes übrig, als mich durchzufüttern. Die komplette soziale Interaktion zwischen uns hatte eine unterschwellige Schieflage bekommen, die keiner von uns heraufbeschwören wollte, die aber aus der Situation entstand. Da hätte ich die Regeln gerne kurz außer Kraft gesetzt und das Ruder in die Hand genommen. *Ruder in die Hand nehmen* ist da übrigens genau das Stichwort. Zugriff auf Geld legt einem das Ruder in die Hand und erlaubt einem, die Richtung zu bestimmen, selbst kreativ zu werden und Aufregung in den Tag zu bringen. Als das Geld auf einmal fehlte, musste ich auch das Ruder abgeben. Wer nichts bezahlen kann, kann auch keine Ansprüche stellen oder die Initiative ergreifen etwas Bestimmtes zu tun. Am Ende war ich meiner Selbstständigkeit beraubt und genau das schmeckte mir so gar nicht an der ganzen Sache. Umso besser schmeckte aber dafür die dampfende Barbecue Pizza, die ich serviert bekam. Da rückten meine Gedanken ganz schnell in den Hintergrund und Maria und ich stürzten uns auf unsere Teller. Brauhäuser sind eine feine Sache und haben mich noch nie enttäuscht. Lecker! Nach dem Essen trafen wir uns mit Charly und fuhren zu einem Geheimspot von ihm. Es ging in einen Mix aus Kneipe und Spielhalle, die treffend *BARcade* genannt wurde. Laute Musik kam uns entgegen, in der Mitte des im Keller gelegenen Lokals war eine große Bar mit unzähligen Menschen, die sich ausgelassen unterhielten. An den Wänden um die Bar herum standen überall Spielautomaten mit allen möglichen Spieleklassikern. *Tetris* war dabei, *Pacman* und alle möglichen Jump&Run spiele. Mein Highlight verbarg sich allerdings ganz hinten in einer Ecke. Ein kleiner Fernseher stand vor einem Sofa und angeschlossen war eine Super Nintendo. Die erste Spielekonsole, mit der ich jemals gezockt hatte. Noch in der Grundschule zwischen der ersten und dritten Klasse bin ich immer zu meinem besten Freund Fabian gefahren, um an der Konsole zu spielen. *Super Mario* war natürlich mein Lieblingsspiel und wie es sein sollte, steckte *Super Mario* auch in der Konsole, die vor mir stand. Wir versackten zu dritt auf dem Sofa und spielten eine Runde nach der anderen.

Bevor es für uns zu Charly ging, kamen wir auf dem Rückweg noch an einer Brücke vorbei, an der drei Schaukeln unter einem futuristischen Stahlbogen hingen. Wir drei Chaoten saßen keine zehn Sekunden später wie kleine Kinder auf den Schaukeln und froren uns den Arsch ab. Die Hände schon taub und der Mund langsam am einfrieren, hatten wir den Spaß unseres Lebens und ließen den Abend im wahrsten Sinne des Wortes *ausschwingen,* bevor wir todmüde bei Charly ins Bett fielen.

> Maria Thompson, Omaha
>
> Paul Jonas is the real life version of The Hitchhiker's Guide to the Galaxy. Only there's a lot more farmland, and no spaceships. He's the Omaha edition. And a turning point in my career.
>
> My name is Maria, and I'm a television reporter living in Omaha, Nebraska. I grew up in San Diego, went to school in Arizona (Go Devils), studied abroad in Buenos Aires, then graduated and moved to Nebraska for my very first big kid job. I've lived "The Good Life" (as they call it) since August 2015. The station I work at is the smallest in the city: four reporters, two photographers, and the manager all in one newsroom. We are a family here, couldn't have asked for anything different after moving halfway across the country. My point is that we are a small station; therefore we have the privilege of being able to scout out our own stories.
>
> Enter Paul Jonas. I was looking for story ideas on Facebook and typed in #Omaha. His pictures pop up briefly explaining his hitchhiking story, and he's in Omaha of all places! I was pretty much jumping up and down on my couch because I was so excited that I found his pictures. I KNEW I had to talk to him.
>
> Now, normally stories like this have a bit of a catch [fundraising/exaggeration/want to remain anonymous] or anything that would actually prevent me from pitching this idea to my news director. Nope! Paul read my message and called me a few minutes later and I learned the story was even better than I had thought it to be. German foreign exchange student, hitchhiking the country, spending ZERO dollars. I was hooked. And so was my news director.
>
> We met a short while later as his couch surfing home was down the street from the news station. I remember I was having microphone issues and he was patiently waiting as I embarrassed myself trying to figure it out. Once that was taken care of we chatted for about 20 minutes. I was glowing the entire time. He brought me back to my days studying abroad in South America. We never had plans, yet we had an adventure every single day.

"I want to face my fears, and show others that they can to." A single phrase that concluded our interview, but opened up a flood of memories. He reminded me of the mornings I would wake up in a small beach town in Uruguay, with nothing but a passport and some pesos. No maps, no phones, no itinerary. It was terrifying, but addicting as I would do the same thing every week. We spent the rest of the day walking around the Old Market, shooting some footage and getting to hear more details of his trip. By the end of the day I had offered him a ride to Des Moines, Iowa. I HAD to be part of this man's journey.

My coworkers, and roommate all jokingly questioned by impulsive decision. "You're taking a stranger to Des Moines?! YOU'VE never even been there!" But I was dying for a road trip, even if it was just two hours away. The next day I picked him up, surprised him with a car full of snacks and we drove off the Iowa. I wanted to stay the night, and Paul helped me find a place to Couch Surf (something I had never done before). We ended up at the same place. We met up with our host, Charlie, who, turns out, we share a mutual friend with back in San Diego. [The world grows smaller and smaller] He showed us a fun arcade place in downtown Des Moines and we spent the night drinking beer and playing Mario Kart. And then we found a swing set next to a pedestrian bridge. The mini-adventure I was craving.

Now, don't think it was all just smooth sailing. A San Diego girl yearning for adventure just overlooks all but the thrill of it. I had my doubts. I had questions for Paul. And, yes, even some frustration when I realized that when he said he was hungry that meant I was the one paying for it. The stuff didn't go unnoticed, but I had to remind myself that it was ME who offered him the ride, fully knowing Paul's mission. So, the frustration didn't last for too long.

Ultimately, it was a joy getting to know Paul, getting to interview him and being able to participate in this incredible journey. He is a testament for young men and women looking to accomplish big dreams so early in life. It can happen. Fear is the only thing holding many of us back. He showed me that life is more about chasing dreams; it's about chasing your fears too, and conquering them.

IOWA CITY

Am Mittag von Tag 21 ging es für Maria zurück nach Omaha, Charly und ich fuhren nach Iowa City. Die Stadt liegt knappe 200 Kilometer weiter östlich und ganz ohne Mühe nahm ich so mein Tagesziel im Vorbeigehen mit. Das lief alles viel zu einfach, dachte ich mir immer wieder. Mit einem Facebookpost ins Fernsehen, die Reporterin fährt mich in die nächste Stadt und der nächste, den ich treffe, bringt mich wieder ein Stück weiter. Konnte das alles so einfach sein? Für den Moment schien es so und ich wollte mich nicht beschweren. Mein Ziel Gary Vaynerchuk zu treffen und in seine Show zu kommen, würde ich jedoch nicht so einfach erreichen. Mittlerweile hatte ich über 1000 Follower auf Instagram und entschied mich, bis zu meiner Ankunft in New York City jeden Tag ca. 100 meiner Follower mit einer persönlichen Nachricht anzuschreiben und darum zu bitten, mit Kommentaren unter meinen täglichen Posts und denen von Gary, für Aufsehen bei ihm zu sorgen. Ich gab niemandem vor, was er schreiben sollte, bat nur darum Gary und sein Team in den Kommentaren zu verlinken, so dass er jedes Mal, wenn jemand meinem Aufruf nachkam, eine Benachrichtigung auf sein Handy bekam. Ich hoffte mit der Idee auf dem Rest meiner Reise genug Wirbel verursachen zu können, sodass Gary mitbekommen musste, dass ich auf dem Weg zu ihm war.

Die Städte nach Sacramento waren alles eher Kleinstädte und teilweise fast Dörfer, wenn man aus Vancouver und San Francisco kam. Iowa City fiel da perfekt ins Raster. Nichts gab es in der Stadt zu sehen. Einfach gar nichts. Das Trostpflaster: Es war eine Studentenstadt! Nach einem unglaublich öden Tag, an dem wir durch ein Einkaufszentrum latschten und nichts mit uns anzufangen wussten, ging es zu Justin, einem Freund von Charly, der uns die Nacht über aufnehmen wollte. Justin hatte noch ein paar andere Freunde im Schlepptau und wir zogen los ins Nachtleben von Iowa City. Es war Samstag. Die Stadt war voller Studenten. Das Rezept musste funktionieren. Von einer völlig überfüllten Bar ging es in einen Club. Vollgelaufene Studenten, wohin mein Auge reichte. Endlich kam Action in diese verschlafene Stadt. Als wir den Club, der in einen Barbereich, Tanzfläche und Billardbereich aufgeteilt war, für einige Zeit unsicher gemacht hatten, war es Zeit für eine Runde Pool. USA gegen Deutschland. Das musste ausgetragen werden! Meine Herausforderer wussten natürlich nicht, dass ich eine Zeit lang jeden Tag gespielt hatte und so stand sehr schnell fest, dass die Runde an mich gehen sollte. Kaum waren wir fertig, übernahmen ein paar Mädels und machten unter tosendem Applaus auf dem Tisch miteinander rum. Wie in einem Klischee Ami Film. Wir schauten uns das Spektakel für einen kurzen Moment an und zogen weiter zu einer Hausparty, die Justin organisiert hatte. In entspannter Atmosphäre unterhielt ich mich mit jedem, der mir über den Weg lief. Dass ich Ausländer war und alleine dadurch ein Exot, merkte ich selbst gar nicht, obwohl alle anderen meine Story von mir hören wollten. Mit Anna, die schon den ganzen Abend mit uns unterwegs gewesen war, verlor ich mich während der Party in harmonischen Gesprächen, in denen wir spielerisch Energie ausgetauscht haben, ohne sie direkt auszusprechen. Wir spielten beide miteinander und hatten Spaß dabei. Iowa City als Ausflugsziel konnte man komplett vergessen. Sobald es aber dunkel wurde, ging die Post ab und als vermutlich erste Stadt, die ich jemals gesehen hatte, war der Frauenanteil in Clubs und Bars weitaus höher als der Männeranteil. Buch weglegen und auf nach Iowa City! ;-)

– KAPITEL 10 –

ILLINOIS

CHICAGO, HERE I COME

Auf der Couch von Justin wachte ich am nächsten Morgen auf. Luna war hellwach und stupste mich die ganze Zeit an. Ich ließ meine Augen zu und stellte mich schlafend. Luna gab keine Ruhe und leckte mein Gesicht ab. Der Huskywelpe war tierisch aufgedreht und setzte meinem Schlaf ein Ende. „Na gut, dann halt aufstehen!", dachte ich mir. Die Anderen waren noch am Schlafen. Ich packte langsam meine Sachen zusammen und machte mich im Bad fertig. Meine Glückssträhne hielt an und Aaron, ein Freund von Charly und Justin, sollte jeden Moment vorbeikommen, um mich nach Chicago mitzunehmen. Das waren noch 356 Kilometer von Iowa City und wie der Zufall es wollte, fuhr er ausgerechnet an diesem Tag in diese Richtung. Das wirklich Wichtige beim Reisen ohne Geld, wenn man es mal für einen langen Zeitraum machen wollte, waren Connections. Je besser man in kurzer Zeit eine Verbindung zu fremden Personen aufbauen konnte, desto mehr ungeahnte Möglichkeiten ergaben sich aus der neuen Bekanntschaft. Logisch war das alles einfach erklärbar, in der Realität war ich dennoch jedes Mal aufs Neue überrascht, wenn alles wie am Schnürchen lief.

Im Auto ging es mit Vollgas in Richtung Chicago. Seit San Francisco die nächste wirklich große Stadt. Meine Vorfreude war entfacht und ich gespannt darauf, was die Stadt zu bieten hatte. Die Fahrt mit Aaron war ganz entspannt, bis eine weitere Situation entstand, in der ich feststellen musste, das Reisen ohne Geld unangenehm war. Aaron meinte irgendwann auf der Fahrt, ich solle ein paar Dollar für den Sprit dazu tun. Um aus solche Situationen nicht als asozialer Schmarotzer rauszugehen, erzählte ich jedem, den ich auf der Reise traf, direkt von meiner Story: „I'm travelling completely without money." So konnten diese Situationen eigentlich gar nicht erst aufkommen und ich fuhr damit super. Nur nicht, wenn Bekanntschaften über drei Ecken entstanden. Da wurde wohl nicht so sauber gebrieft, wie ich es mir gewünscht hätte. Das Gute war allerdings, ich erwartete von niemandem etwas. Genauso, wie ich mich über die weite Fahrt gefreute hatte, hätte es mich nicht gestört, wenn Aaron mich an einer Raststätte stehen gelassen hätte. Über die letzten 22 Tage musste ich niemanden nach Essen oder Almosen fragen. Es war ein schönes Gefühl zu sehen, wie die verschiedensten Leute von sich aus etwas zu meiner Reise beisteuern wollten. Während wir unterwegs waren, sah ich auf einmal ein Schild auf dem *Mississippi* stand. Den Fluss kannte ich nur vom Hören, den Namen schnappt man schließlich irgendwann einmal auf. Wo der genau lang floss und dass ich gerade dabei war ihn zu überfahren, davon hatte ich keine Ahnung. Das zeigte sehr gut, wie wenig ich mich mit der Reiseplanung beschäftigt hatte. Nämlich überhaupt nicht. So entstand ein starkes Gefühl von Freiheit und ein Zufallsfund wie der *Mississippi*, machte mich aus dem Nichts glücklich, weil ich überrascht wurde. Angekommen in Chicago. Meinen Schlafplatz hatte ich über *Couchsurfing* organisiert und Aaron setzte mich an meinem nächsten Schlafplatz ab: der WG von David.

Ich stand in einer ruhigen Straße ohne Verkehr. Auf der anderen Straßenseite war das Reihenhaus, zu dem mich Google Maps geführt hatte. Vor der Eingangstreppe standen zwei Fahrräder. Ich stieg ein paar Stufen hinauf und klingelte. Zwei Minuten später saß ich im Wohnzimmer zwischen einem Haufen Asiaten. Von allen Seiten prasselten Fragen auf mich ein. „What are you doing in Chicago?", „You travel without money!?", „What was the most exciting on this trip?". Auch wenn ich von den vielen Fragen überschwemmt wurde, fühlte sich die Situation sehr angenehm an. Ich fühlte ehrliches Interesse und war ab der ersten Sekunde ein Teil der Gruppe. David, der aus Brasilien kommt, lebte mit vier Mitbewohnern zusammen. Im Untergeschoss befand sich mein Zimmer, in dem gerade auch noch eine andere Couchsurferin aus China zu Besuch war. Oben in der Küche waren noch alle möglichen anderen Leute. Eine Freundin von David hatte Geburtstag und oben liefen gerade die letzten Vorbereitungen für eine Überraschungsparty. Die eine war in der Küche Snacks am Vorbereiten, andere waren den Geburtstagskuchen mit Kerzen am Bestücken und ich saß mit dem Rest der Truppe am Esstisch und gab eine Antwort nach der anderen auf die Fragen, mit denen ich gelöchert wurde. Mittlerweile waren wir knapp 15 Leute in der Wohnung. Amerikaner, Asiaten und Europäer. Ein wilder Mix aus verschiedensten Ländern, der eine interessante internationale Mischung ergab. Irgendwann drehte ich die Interviewrunde um und stellte selbst Fragen, um etwas über die Truppe um mich herum zu erfahren. David studierte an der Uni in Chicago, Perry war angehender Astronaut und studierte Raumfahrt, Lena war aus Deutschland zu Ihrem Freund nach Chicago gezogen und die andere Couchsurferin, Ayami, war einfach nur in der Stadt zu Besuch.

„Pschhhhht", machte eine der Asiatinnen. Das Licht wurde ausgemacht und wir versteckten uns hinter der Kochinsel. Das Geburtstagskind war an der Tür angekommen und wusste nicht, dass die WG eine Überraschung organisiert hatte. Kaum kam sie nichtsahnend in die dunkle Küche, wurde sie mit tosendem Applaus, Wunderkerzen und Geburtstagsglückwünschen überschüttet. Die anschließende Party erinnerte mich eher an meinen zehnten Kindergeburtstag mit Kuchenessen, zusammen am Tisch sitzen und unschuldigem Smalltalk. Der einzige Unterschied: der Apfelsaft war Bier und Wein. In meinem normalen Leben zu Hause wäre ich niemals auf so einer Party gelandet oder hätte David und die anderen kennen gelernt, weil wir einfach unglaublich verschiedene Lebensweisen hatten. Ich war immer der eher wilde Typ, sehr früh selbstständig und immer etwas am Machen. Die Gruppe war eher in die Kategorie brav und wohlerzogen einzuordnen, die brav zur Uni geht und einen geradlinigen Lebenslauf vorweist. Genau das war aber eine unglaublich gute Seite an meiner Reise. Mit Menschen in Kontakt zu treten, die einen ganz anderen Horizont und ganz andere Motivationen in ihrem Leben verfolgten als ich. Egal welchen Lebensstil man bevorzugte, am Ende konnte man nur voneinander lernen und neue Bekanntschaften mitnehmen. Die Party war recht früh zu Ende und ich fiel müde ins Bett.

FOX NEWS, DIE ZWEITE!

„Pling!". Verschlafen drehte ich mich im Bett und schielte auf mein Handy. Eine E-Mail von *Jake Hamilton - FOX News* kam rein. Boom! Ich saß hellwach im Bett und schnappte mir das Handy. Meine E-Mail, die ich an ca. 120 Newsreporter entlang meiner Route nach New York City geschickt hatte, war erfolgreich. Jake war von meiner Reise begeistert und wollte einen Bericht drehen. Direkt rief ich ihn an. Nicht erreichbar. Ich antwortete ihm per E-Mail. Während ich auf eine Rückmeldung wartete, googelte ich Jake Hamilton, um andere Berichte von ihm zu finden und ein wenig über ihn und seine Arbeit in Chicago zu erfahren. Das erste was Google ausspuckte, war ein YouTube Interview mit Samuel L. Jackson. In dem Interview befragt Jake Samuel zum damals neu erschienenen Film *Django Unchained* und fragt irgendetwas zu der häufigen Verwendung des *N-Worts*, wie er es formulierte. Jackson vervollständigt mit möglichen *N-Wörtern* und fordert Jake auf das gemeinte *N-Wort* auszusprechen. Jake windet und schlängelt sich und versucht aus der für ihn kritischen Situation zu entwischen. Das Video war unglaublich lustig und ging mit ein paar Millionen Aufrufen durchs Internet.

Chicago war ein anderes Pflaster als Omaha. Ich hatte einen Reporter an der Hand, der echte Größen der USA interviewt hatte und stand kurz davor, mit Jake meinen zweiten Bericht der Reise aufzunehmen. Auf dem Weg nach Chicago bekam ich übrigens auch noch zwei Anfragen von ABC News aus Iowa City, die ich knapp verpasste, da ich schon 200 Kilometer aus der Stadt raus war. Mein Handy klingelte. Jake rief an. Wir unterhielten uns kurz und machten für den nächsten Tag einen Termin für den Dreh aus. Die Katze war im Sack und ich wusste, meine Strategie hatte funktioniert. Sofern man eine Story im Gepäck hatte, war es mit ein bisschen Kreativität ein Kinderspiel die Sender auf sich aufmerksam zu machen. Ist ja auch klar, die machen den ganzen Tag nichts anderes, als neue Geschichten auszugraben. Wenn einem Reporter da eine Neuigkeit auf dem Silbertablett serviert wird, kann es auch für ihn nicht besser laufen. Win-Win Situation also.

David kam mittags aus der Uni zurück und zusammen mit Perry machten wir uns auf den Weg ins Chicago Science & Industry Museum. Der dritte Museumsbesuch auf meiner Reise. Das sind mehr Museen, als ich bisher in meinem ganzen Leben besucht hatte. Dieses Mal war es aber echt interessant. Es gab Wirbelsturmsimulatoren, die künstliche Stürme im Raum erzeugten und alles Mögliche über Raumfahrt zu sehen. Wir blieben, bis das Sicherheitspersonal uns vor die Tür setzte und machten uns auf den Weg, um die Innenstadt zu erkunden. Kaum angekommen, stand ich auch schon vor der nächsten Überraschung, die mir dadurch beschert wurde, dass ich ohne Planung und jegliche Ahnung über die Stadt unterwegs war. Ich stand vor einer riesigen silbernen, verspiegelten Bohne, die mitten auf einem weitläufigen Platz stand. Das Teil kennt jeder. Nur hatte ich weder Ahnung, dass dieses Ding in Chicago stand, noch, dass es sich um eine Bohne handelte. Interessant sah das Teil für mich aber schon immer aus und so hatte ich mein erstes Highlight der Stadt ganz unvorhergesehen mitgenommen. Wir machten einen Haufen Touribilder und zogen weiter durch die Stadt. Überall standen hohe Wolkenkratzer. Meine erste richtige Amerika Großstadt, die eng besiedelt war. Langsam fing es an zu nieseln. Unser Stichwort, uns mit der Bahn auf den Weg zu unserem nächsten Ziel zu machen: Brooklyn Boulders Chicago, einer Kletterhalle. Museen und Klettern, diese beiden Worte beschrieben wohl am besten, was genau ich auf meiner Reise unternommen hatte.

Die andere Couchsurferin, Ayami, hatte Chicago nach meiner Ankunft wieder verlassen und mir ihre Buskarte dagelassen. Wie in vielen Ländern, die Deutschland in einigem voraus sind, gab es in Chicago wie auch in Dubai und Kapstadt Busfahrkarten im Scheckkartenformat, die man mit Geld aufladen konnte und einfach beim Betreten und Verlassen von Bus und Bahn an einen Sensor halten musste. Die Karte war noch mit ca. 70 Dollar aufgeladen - meine Fortbewegung durch die Stadt war gesichert. In der Kletterhalle probierte ich mich mal wieder im Bouldern und nahm dieses Mal auch das gesicherte Klettern an einer Steilwand mit. Mit jeder neuen Gelegenheit fand ich immer mehr Freude an diesem Sport. Was mir so am Klettern gefiel war, dass man Kraft, Konzentration und Gelassenheit miteinander kombinieren musste, um voran zu kommen. Wenn diese drei Elemente nicht ausbalanciert waren, fiel man von der Wand und bekam so direkt eine Backpfeife für sein eigenes *Versagen*. Der Sport hatte etwas enorm Ruhiges und Besonnenes an sich und forderte mich gleichzeitig heraus. Jedem, der eine Kletterhalle in seiner Nähe hat, kann ich einen Besuch wärmstens empfehlen.

Nach der Kletterrunde in Jeans und Skiunterwäsche ging es für mich völlig verschwitzt zurück in die WG und geradewegs unter die Dusche. Unsere Mägen stopften wir mit Pommes Frites, Spare Ribs, Chicken Wings und asiatischer Nudelsuppe voll. Ausgepowert und in Fressstarre ging Tag 23 auf meinem Weg nach New York City zu Ende.

EIN GANZ NORMALER TAG IN CHICAGO

Früh morgens ging es raus für mich. Mit der aufgeladenen Straßenbahnkarte von Ayami fuhr ich aus dem ruhigen Vorort von Chicago in die Innenstadt zu den FOX News Studios. Dieses Mal hatte ich nicht den Luxus, dass der Reporter wie in Omaha, Nebraska zu mir gefahren kam. Gefiel mir aber besser. Ich wollte Medienluft schnuppern und einmal hinter die Kulissen blicken. Wie sieht so ein Studio von Innen aus? Wie arbeiten die Fernseh-Menschen und wie viel ist echt an dem manipulierten Bild? Angekommen am Studio, öffnete mir ein Pförtner die Tür und ich wurde durch eine Schleuse in einen kleinen Warteraum gelassen. Jake Hamilton sollte mich jeden Moment in Empfang nehmen. Aus dem Warteraum konnte ich durch eine Glasscheibe in einen der Kontrollräume schauen. Unzählige Monitore waren als eine Art Wand über einem Pult mit tausenden Tasten aufgebaut. Die aktuell laufenden Ausstrahlungen wurden zum Mitverfolgen angezeigt. Als ich mir fasziniert die blinkenden Lichter und ständig wechselnden Bilder anschaute, kam Jake durch die Tür. Mit einem breiten Grinsen im Gesicht und der Energie eines Penny Stock Brokers begrüßte er mich. Jake war Ende 20 und hatte blondes, zur Seite gegeltes Haar. Das perfekte Bild eines TV Moderators. Wie ich mittlerweile übrigens erfahren hatte, war der Sender FOX vergleichbar mit dem deutschen Sender RTL II. Ins Studio ging es leider nicht für mich. Jake nahm mich mit nach draußen, wo wir auf den angeforderten Ton-Menschen warteten. In der Zwischenzeit erklärte Jake mir das Konzept: Meine Story sollte ich von verschiedenen Stellen in der Stadt erzählen. Als B-Roll (Einspieler, um den Bericht lebendiger zu machen) sollten ein paar Szenen gedreht werden, in denen ich mir bekannte Wahrzeichen anschaue und als per Anhalter Fahrender agiere.

An sich verlief also alles ähnlich wie in Omaha, nur weitaus routinierter und unpersönlicher. An der Bohne sollte ich entlanglaufen, mich an eine Straße bewaffnet mit Pappschild und Backpack stellen und durchs Bild laufen. Zwischendrin quasselte ich meine Story in die Kamera und die Nummer war im Kasten. Insgesamt war ich extrem überrascht, wie ehrlich die beiden Fernsehnummern abliefen. Keiner wollte mir gescriptete Texte unterschieben, mich anders darstellen als ich wirklich war oder Tatsachen verdrehen. Ich bekam Anweisungen, wie ich durchs Bild laufen sollte und mir wurden Fragen gestellt, auf die ich frei antworten konnte. Gefaked waren also nur die Einspieler, in denen ich begeistert die Bohne bestaunte oder an der Straße nach einer Mitfahrgelegenheit Ausschau hielt. Das machte aber alles Sinn, um den Beitrag lebhafter zu machen. Ich war zufrieden. Vielmehr wurde mir klar, dass ich lernen wollte, bewusst zu sprechen. Den Schnitt konnte ich natürlich nicht selbst mitgestalten. Insofern konnte jedes Wort, welches ich sagte, benutzt werden. Ich hatte also zu 100% selbst in der Hand, wie ich am Ende rüberkommen würde. Gleichzeitig hatte ich jedoch nur einen Versuch und musste mir bewusst über den Inhalt sein. Für den kleinen News Report in Chicago, einer Stadt, in der mich niemand kannte, war die Psychologie hinter dem ganzen natürlich nicht weiter wichtig. Diese kleinen Lehren, die ich jedoch aus den zwei Drehs ziehen konnte, sollten dafür sorgen, dass ich in ähnlichen Situationen in der Zukunft weitaus souveräner beim Zuschauer rüberkommen sollte. Die ganze Kiste dauerte circa zwei Stunden und Jake verschwand zusammen mit seinem Ton-Menschen zurück im Studio. Dieses Mal stand der Sendetermin noch nicht genau fest. Großstadt eben. Da war meine Geschichte nicht die erste Neuigkeit des Tages.

Ich fuhr zurück zu David und machte den nächsten Schritt in Richtung Gary Vaynerchuk. Ein Twitter Account musste her. Das mir zu dem Zeitpunkt und auch heute noch wahrscheinlich fremdeste und unsympathischste Social Network überhaupt. Ich kannte niemanden, der aktiv auf Twitter unterwegs war. Ich verstand für mich persönlich die Notwendigkeit des Netzwerks nicht. Nach etlichen Videos, die ich von Gary während und vor der Reise auf YouTube und Facebook angeschaut hatte, wusste ich aber, dass Gary ein riesen Fan von Twitter war und er und sein Team auf der Plattform unterwegs waren. Darin sollte mein persönlicher Nutzen liegen. Letzen Endes wurde Twitter auch ein Marketinginstrument für mich und neben Facebook und Instagram gab es ab diesem Moment auch auf Twitter mein tägliches Update des letzten Tages. Auf Instagram kam ich nach gut drei Wochen auf mehr als 1.000 Abonnenten. Auf Twitter fing ich ebenfalls an, massenweise Leuten zu folgen, die an Gary Vaynerchuk interessiert waren. Von Gary und seinem Team gab es noch immer keinerlei Zeichen, dass sie von meinem Vorhaben erfahren hatten. Ich war jedoch der festen Überzeugung mit meiner Strategie auf dem richtigen Weg zu sein. Je mehr Leute von mir erfuhren, desto größer war die Wahrscheinlichkeit, dass etwas nach New York City durchsickern würde.

Die Tagesupdates seit Beginn der Reise waren auf Twitter übertragen, die ersten paar hundert Menschen abonniert, da ging es mit David, der gerade nach Hause gekommen war, in seine Uni. Der Campus war nur ein paar Blöcke weiter. Mit zwei Fahrrädern fuhren wir zu seiner Studentenverbindung, Fraternity auf Englisch. Ich dachte immer so etwas gäbe es nur an Elite Unis wie Harvard oder in Filmen wie *The Social Network*. Die Verbindungen gab es jedoch tatsächlich. Studentenhäuser, die verschiedenen Status genossen und eine Bruderschaft bildeten. Die Studenten hatten große Aufenthaltsräume, gemeinsame Essensbereiche und Schlafräume innerhalb der Verbindung. Selbst die Partys waren echt und laut David genauso wild und versaut wie im Film. Wir gingen in den Keller des Gebäudes. Dort war die Kantine und auf uns warteten Unmengen von Mac&Cheese, Spinat, Spaghetti mit Fleischbällchen und Hähnchenkeulen. David hatte noch etwas in der Uni zu tun und ich fuhr mit dem Fahrrad und vollem Magen zur nächsten Bahnhaltestelle. Mit Kamera bewaffneten, zog ich durch die Stadt und filmte ein paar coole Ecken. Leider hatte ich bisher in meinem gesamten Leben erst sehr wenige Videos gemacht und vor allem auch auf der Reise kaum Videomaterial gesammelt. Dabei konnte man mit bewegten Bildern so viel mehr von der Umgebung und der Atmosphäre einfangen, als mit normalen Bildern. Einen Grammy kriegt das kleine Video nicht, ich schaue aber gerne auf die Bilder und katapultiere mich direkt auf Tag 24 meiner Reise zurück:

▶ Hier geht es zum Video: www.hitchhike-the-show.de/Chicago

NORDPOL ODER CHICAGO?

04:00 Uhr. Mein Wecker klingelte. David und ich machten langsam unsere Augen auf und schauten uns mit dem gleichen verdatterten Blick an. Es war viel zu früh. Eine Freundin von David hatte uns eingeladen den Sonnenaufgang vom äußersten Rand der Stadt direkt am Ufer zum Lake Michigan zu filmen. Es war mein letzter voller Tag in Chicago und ich wollte alles an Erlebnissen mitnehmen. Wir schlüpften in unsere Klamotten und fuhren mit der Bahn eine knappe Stunde durch die Stadt. Wir waren noch mindestens 15 Minuten vom Treffpunkt entfernt, da fing es langsam an zu Dämmern. Wir hatten verkackt. Sau früh aufgestanden, durch die halbe Stadt gegurkt, es war kalt und wir waren zu spät, um zu sehen wie die tiefschwarze Nacht sich verzog. Wie die Stadt von den ersten Sonnenstrahlen erleuchtet wurde und sich die Straßen mit Leben füllten. Egal. Wir liefen zum Treffpunkt am Wasser und Louise und Paulo hatten sich bereits mit laufender Kamera in Stellung gebracht. Wir waren spät, die Kamera war früh genug dran. Glück gehabt. Direkt am Wasser peitschte uns der Wind entgegen. Es war unglaublich kalt und ungemütlich. Die Sonne ging langsam über dem Binnensee auf und erleuchtete die Wolkenkratzer vor uns. Die Stadt sah mächtig aus. Vor Vancouver die größte Stadt, in der ich jemals war. Die Timelapse war im Kasten und wir gingen über einen breiten Betonsteg ein gutes Stück aufs Wasser hinaus. Der Wind zog durch unsere gesamten Klamotten. Ich plusterte mich in meiner Jacke auf. Das Wasser war ruhig. Am Ende des Steges angekommen, sahen wir dicke Eisplatten auf dem Wasser. Die

Platten schaukelten wie Eisschollen umher. Ich fühlte mich, als hätte ich den Nordpol und nicht Chicago bereist. Der Spitzname *The windy City* machte nun spürbar Sinn, auch wenn der Name gar nichts mit dem Wetter, sondern mit Politik zu tun hatte.

Fast am Steg festgefroren, machten wir uns zurück auf den Weg in die Innenstadt. Direkt neben der verspiegelten Bohne gab es ein Frühstücksrestaurant. Berge von Pancakes mit Sirup gab es. Das hatten die Amis drauf. David lud mich ein und wir erholten uns von meinem zweiten Kältetod, dem ich entwischt bin. Fest stand, dass einige Menschen einen gut bei mir hatten. Jedem, dem ich in Zukunft noch mal über den Weg laufen sollte, schuldete ich entweder ein Essen, eine Fahrt quer durchs Land oder einfach nur einen Tagesausflug durch die Stadt. Es war schön zu wissen, auf einer komplett persönlichen Ebene unterwegs zu sein, ohne jegliche monetären Erwartungen einer Gegenleistung. Ich freue mich darauf, vertraute Gesichter aus der Zeit wieder zu treffen und etwas zurückgeben zu können, wenn die Zeit reif ist. Für den Moment jedoch, vereinnahmten die Pancakes meine komplette Aufmerksamkeit. Nach dem Essen ging es mit Paulo und David zum nächsten Stopp in meinem Kulturprogramm. Dem Planetarium in Chicago. Wir schauten uns jede Menge Kram über die Sterne an, konnten Kometeneinschläge im All mit einer Luftpistole simulieren und durch riesige Teleskope in die Ferne schauen. Etwas besonders Atemberaubendes hatte das Planetarium jedoch nicht zu bieten. Der letzte Abend in Chicago stand bevor. Die WG war zu Hause bei David versammelt und wir verabredeten uns zu einem Pokerabend. Leider kann ich mich nicht mehr genau erinnern, wie die Partie begonnen hatte. Gerne würde ich hier die glorreiche Story meines Pokererfolgs über die Chicago WG verkünden. Der Sieg gebührt jedoch einzig und allein Perry, der bis auf die Unterhose ausgezogen am Tisch saß und wie ein Phönix aus der Asche zurück ins Spiel fand und mich bei einem All In mit einem Flush aus dem Spiel eliminierte. Verdienter Sieg Perry!

Nach der Niederlage war es Zeit für mich zu packen. Nach drei vollen Tagen in Chicago war es Zeit weiter zu ziehen. 5140 Kilometer lagen bereits hinter mir. New York City wurde immer greifbarer. Ich setzte mich noch ein wenig ans Laptop und durchstöberte die Kleinanzeigenseite Craigslist. Bisher war ich immer entweder durch zufällig entstandene Kontakte oder per Anhalter gereist. Dieses Mal wollte ich auch dem Kleinanzeigenportal eine Chance geben, mir eine Fahrt zu organisieren. Vielleicht fuhr ohnehin jemand, der mich kostenlos mitnehmen würde? Cleveland mit 550 Kilometern Entfernung war mein nächstes Ziel und ich hinterließ ein paar Leuten eine Nachricht, bevor ich todmüde ins Bett fiel.

TICK TACK TICK TACK

Tag 26 begann. Die letzten sieben Tage meiner Reise. Endspurt stand auf dem Programm. Mein Durchhänger, den ich bei meiner Ankunft in Omaha noch gehabt hatte, war über die letzten Tage wie wegradiert. Mit den TV Interviews und dem immer näherkommenden Ziel, kam neuer Schwung in den Trip und meine Aufregung stieg von Tag zu Tag. Die beiden Nachrichten, mit denen ich geweckt wurde, taten dem guten Gefühl keinen Abbruch. Im Gegenteil! Eine Mail von dem Sender WOIO lag in meinem Postfach. Ich wurde zu einem weiteren TV Beitrag eingeladen. Die zweite gute Nachricht war Bens SMS, der meine Nachricht auf Craigslist bekommen hatte und mir anbot, mich von Chicago nach Cleveland mitzunehmen. 550 Kilometer. Am Mittag sollte es losgehen. Pünktlich zum TV Dreh ankommen war gesichert und lange an der Straße stehen nicht notwendig.

Ich verkroch mich wieder ins warme Bett und schrieb ein paar Nachrichten mit Ben hin und her um sicherzugehen, dass alles nach Plan laufen würde. Gegen 14 Uhr wollte er mich abholen. Zwischendurch schrieb er immer wieder komische Nachrichten. Er fragte nach allen möglichen privaten Dingen. Erfragte mein Alter mit komischen Formulierungen. Ich bekam das Gefühl, dass Ben mehr Interesse an mir hatte, als daran, mich nach Cleveland mitzunehmen. Nach vielen Reisen, die ich hinter mir hatte und einigen *Couchsurfing* Kontakten, war ich sensibilisiert und meine Sinne geschärft um seltsame Dynamiken zu erkennen. Bei Ben schlugen meine Alarmglocken. Mein Verdacht bestätigte sich, als ich folgende SMS von ihm bekam: *Even straight men enjoy head....*

Das hielt mich jedoch nicht davon ab, an dem Plan festzuhalten, mit ihm nach Cleveland zu fahren. Ich war weder homophob, noch hatte ich Angst, dass mir etwas passieren könnte. Das nötige Selbstbewusstsein, dem Guten mögliche Hintergedanken auszutreiben und die Kontrolle zu behalten, hatte ich. Frauen werden mich hier verstehen. Denen geht es ja schließlich bei jeder dritten Interaktion mit dem anderen Geschlecht so. Ich schrieb Ben, dass ich lediglich Interesse an einer Fahrt mit ihm hatte und nicht mehr und nicht weniger. Die Fronten sollten geklärt sein bevor es losging. Meine Sachen waren gepackt. Mit ein paar Resten vom Vortag war ich gestärkt. Es war 14 Uhr und Ben sollte jeden Moment vor der Tür stehen.

Sollte. Ben kam nicht. Auch um halb drei war kein Ben in Sicht, per SMS reagierte er nicht und ans Telefon ging auch keiner. Ich war einem Troll aufgesessen. Scheiße war das. Der halbe Tag war vorbei. Ich saß noch am Wohnzimmertisch und in zwei Stunden würde es anfangen zu dämmern. Wir hatten schließlich Winter. Zu dem Zeitpunkt, noch nahe des Stadtzentrums von Chicago, 550 Kilometer bis nach Cleveland zu kommen, war mehr als unsicher zu schaffen. Ich musste los. Sofort. Aus der Stadt per Anhalter raus zu kommen war übrigens das Schwierigste. Die meisten Menschen waren auf dem Weg zur Arbeit oder nach Hause, fuhren zum Supermarkt um die Ecke oder fuhren in irgendeine Himmelsrichtung aber nicht in die, in die man wollte. Die Quote von in Frage kommenden Menschen war einfach unglaublich gering. Ayamis Bus Ticket war mein Joker. Auf Google Maps schaute ich mir an, wie weit mich ein Bus von Chicago weg und möglichst nah an eine Autobahn bringen konnte. Eine Haltestelle lag ca. 30 Minuten entfernt und die Autobahn war direkt neben der Haltestelle. Den Backpack auf den Rücken geschwungen, schnell ein Abschiedsfoto mit der unglaublich gastfreundschaftlichen WG und ich war wieder unterwegs. Der Backpack wurde mit keinem Tag leichter. Ich war völlig überladen. Mit schnellen Schritten ging ich zur nächsten Bushaltestelle. Kaum angekommen, fühlte ich, dass meine Hose auf einmal nass wurde. Mein in den Backpack integrierter Wasserbeutel war geplatzt und lief mir über den Rücken die Hose runter. Um während dem Gehen trinken zu können, konnte ich hinter das Rückenpolster einen Wasserbeutel von um die drei Liter befüllen. Ein kleiner Schlauch ging am Schultergurt entlang und über einen

Trinkstutzen konnte man von dem Wasser schlürfen. Der Beutel war zu voll, der Rucksack zu schwer, ich zu schnell unterwegs. Der Schlauch hatte sich vom Beutel gelöst und mein halber Wasservorrat war in meiner Hose. Ein Tag, der nicht besser starten konnte, veränderte sich zu einem scheiß Tag. Den Schlauch konnte ich einfach wieder anschließen. Während ich auf den Bus wartete, versuchte ich schon mal mein Glück. Mit meinem EAST Schild bewaffnet, passte ich jedes vorbeifahrende Auto ab und hoffte auf einen Glücksgriff.

Der Griff ging jedoch ins Klo. Niemand hielt an und ich griff zurück auf Plan B und fuhr raus aus der Stadt. Der Bus fuhr mich direkt zu einer Tankstelle, die an einer Parallelstraße zur Autobahn lag. Der Standort war gut, aber nicht optimal. Immer noch gab es viel Kurzstreckenverkehr. Dazu kam der einsetzende Feierabend Verkehr. Gedanklich verpasste ich mir eine Optimismusspritze, nahm mein Pappschild in die Hand und nahm Blickkontakt mit jedem vorbeifahrenden Auto auf. Ein Auto nach dem anderen fuhr an mir vorbei. Es war schweinekalt. Trotz dicker Handschuhe, froren meine Finger ab. Beim stillen Stehen und Hochhalten des Schildes, kühlte ich so langsam aus. Niemand hielt an. Es fing an zu nieseln und es fing an zu dämmern. Ich hatte einen meiner beschissensten Tage auf der Reise und mit Abstand die beschissensten Voraussetzungen, um bis nach Cleveland zu kommen und pünktlich zum TV Dreh aufzulaufen. „TV Dreh!", schoss es mir durch den Kopf. Die hatten mich doch eingeladen und wollten mich im Studio haben. Da musste man einen Deal machen können, der mich aus meiner zunehmend schlechter werdenden Lage befreite. Ich googelte nach einem Bus, der mich nach Cleveland bringen könnte. Negativ. Ich googelte nach einem Zug, der rüberfahren würde. Treffer! Am späten Abend fuhr ein Bus für keine 30 Dollar bis nach Cleveland. Was sind schon 30 Dollar, dachte ich mir und rief meinen Kontakt bei WOIO an. Die Dame an der anderen Leitung nahm die Details auf und sagte, sie würde mit der Studioleitung Rücksprache halten und sich bei mir melden. Das war mein Joker, der funktionieren musste.

Meine Hände wurden kälter. Unzählige Autos fuhren ohne anzuhalten an mir vorbei. Da fuhr eine Frau zu mir rüber und kurbelte das Fenster runter. Sie streckte ihren Arm aus und hielt mir ein paar zusammengerollte Dollar Scheine entgegen. „For you!", rief sie mir zu. Die Frau war dunkelhäutig und ich war berührt von ihrer Hilfsbereitschaft. Sie fuhr in einem alten Auto rum und wirkte nicht so, als hätte sie selbst viel zum Leben. Das waren die Momente, in denen mir klar wurde, wie gut doch alles war. Die mir selbst eingebrockte missliche Lage verschwand für einen Moment und wir unterhielten uns kurz. Das Geld lehnte ich ab, machte aber deutlich, dass ich das Angebot wertschätze. Nach einer weiteren Stunde an der Straße, hatte sich WOIO noch nicht bei mir gemeldet. Ich rief nochmal an. Ich wurde in die Warteschleife gesetzt. Da hielt ein Pickup vor mir an und ein junger Mann winkte mir zu, ich sollte einsteigen. Scheiß Timing. Mir fehlte nur das Okay von WOIO und ich hätte eine Zugfahrt bis nach Cleveland sicher. Auf der anderen Seite stand gerade jemand vor mir, der mich zumindest ein Stück mitnehmen wollte. Ich hielt den Pickup Fahrer hin, während ich auf eine Rückmeldung von WOIO wartete. Fünf Minuten vergingen. Zehn Minuten vergingen. Der Fahrer des Autos vor mir wurde langsam genervt. Ich konnte ihn verstehen. Da kam ich raus aus der Warteschleife. Ich bekam eine Absage. Die Studioleitung hielt es für falsch, mir bei dieser Reise ein Ticket zum Studio zu bezahlen, um dann darüber zu berichten, dass ich per Anhalter unterwegs war. Das machte 100% Sinn. Ich war am Schummeln und die Studioleiterin hatte mich erwischt. Glück im Unglück nennt man das wohl. Ich sprang ins Auto und es ging los. Den Namen von dem Typen habe ich vergessen. Er sah aber so aus, wie man sich einen muskelbepackten Ami mit Pickup vorstellt. Er arbeitete in Chicago und war auf dem Weg nach Hause. Ein Pendler also. Gut, dass es Pendler gibt. Für gut eine Stunde nahm er mich mit, weg vom Verkehrschaos um die Großstadt und setzte mich am besten Punkt ab, den ich hätte kriegen können.

An einer Tankstelle auf dem Highway, der mich nach Cleveland führte. Jedes Auto das anhielt, fuhr nach Cleveland. Das konnte nicht schiefgehen. Ich legte meinen Backpack ab und sprach jeden Menschen an, der in mein Blickfeld kam. Keiner entwischte mir. Bei jedem versuchte ich einen Sitzplatz im Auto zu ergattern. Viele ältere Menschen waren unterwegs. Die sind vorsichtig. Neben der Tankstelle war eine Fast-Food-Kette. Ein junges Paar kam mir entgegen. Die beiden sagten nach kurzem Zögern ja und mit Chris und Alyssa ging es für zwei Stunden weiter in Richtung Osten. Bei den unzähligen, kurzweiligen Bekanntschaften, schaltete mein Kopf irgendwann auf Durchzug. Von beiden Fahrten an diesem Tag kann ich mich an keine Details unserer Gespräche erinnern oder etwas über die Fahrer erzählen. Mein Kopf verarbeitete einen neuen Eindruck nach dem anderen und filterte wie am Fließband alles Unwichtige aus. Da blieb das ein oder andere auf der Strecke. Chris und Alyssa mussten auf einen nach Norden führenden Highway abfahren und setzten mich an einer anderen Raststätte ab.

Vor mir stand eine kleine Tankstelle mit zwei Zapfsäulen. Ich legte meinen Rucksack ab, um mich frei bewegen zu können, nahm mein Pappschild in die Hand und ging zu dem weißen SUV, der gerade betankt wurde. Im verschlossenen Wagen saß eine Frau. Ich stellte mich vor das Auto, schaute sie durch die Windschutzscheibe an und hielt mein Schild vor ihre Augen. Sie schaute mich bemitleidend an und winkte ab. So schnell wollte ich mich nicht geschlagen geben. Mein Gefühl sagte mir, dass sie dachte, dass ich ein Obdachloser war, der nach Geld fragte. Ich ging zur Fahrerseite und machte ein Zeichen, dass Fenster zu öffnen. Ich erklärte ihr, dass ich nicht auf der Suche nach Geld, sondern nach einer Autofahrt war. Sie erzählte, dass sie auf dem Weg nach Cleveland war. Treffer! Die Frau, Mitte 30, lehnte jedoch ab. Mit ihrer Tochter alleine unterwegs war ihr die Kiste zu unsicher. So schnell ließ ich mich nicht abwimmeln. Nicht umsonst hatte ich in der Uni in Vancouver an einer Vorlesung für professionelles Verkaufen teilgenommen. Ich erklärte ihr, dass ich ihre Sorgen verstand, sie sich jedoch keine Sorgen machen musste. Zur Anreicherung legte ich kurze Phrasen auf den Tisch, wie dass ich Reisender aus Deutschland war, ihr meine Facebook Posts als Beweis zeigen konnte und einen Termin beim Fernsehen in Cleveland hatte. Damit war die Katze im Sack. Sie haderte aus Unsicherheit noch ein wenig, lud mich aber ein mitzukommen.

Kaum saß ich im Auto, drückte Marla mir ein Happy Meal in die Hand, welches sie gerade für sich gekauft hatte. Besser konnte es nicht laufen. Ich hatte es tatsächlich geschafft den Tag zu drehen und war auf dem direkten Weg nach Cleveland. Es kam noch besser. Als ich Marla von meiner Reise erzählte und Gary Vaynerchuk erwähnte, stockte sie für einen Moment. Sie kannte den Namen, sagte sie. Das passierte sonst kaum. Jemand, der sich nicht mit Unternehmertum auseinandersetzt, hat den Namen in der Regel nicht auf dem Schirm. Marla erinnerte sich, dass ihr Arbeitgeber Garys Agentur *VaynerMedia* engagiert hatte. Die Firma heißt General Electric (GE), war eine der ersten zwölf Firmen, die im Dow-Jones-Index aufgenommen wurden und heute noch existiert. GE ist auf Edison, den Erfinder der Glühbirne, zurückzuführen und gleichzeitig einer der größten Kunden von Gary Vaynerchuks *VaynerMedia*. Die Welt ist klein und ich war das erste Mal in spürbarer Nähe, um an Gary zu kommen. Marla kannte ihn nicht persönlich und über sie an ihn ran zu kommen wäre wahrscheinlich nicht möglich gewesen, ohne, dass sie ihre Kollegen verrückt machen musste. Es war aber schön jemanden zu treffen, der Gary auf dem Schirm hatte und verstand, welche Motivation ich für mein Vorhaben hatte ihn zu treffen. Marla und ich quatschten die kompletten zwei Stunden im Auto und sie entschied sich, mich bis nach Cleveland rein, zu meinem nächsten Schlafplatz zu bringen, auch wenn das ein Umweg von 20 Minuten war, den sie auch noch wieder zurückmusste.

Über Couchsurfing.org war ich auf Anna und Scott gestoßen. Die beiden präsentierten sich als das Auffanglager für Durchreisende. Unzählige Bewertungen von früheren Gästen gab es auf ihrem Onlineprofil. Die beiden hatten ein Haus mit unzähligen Zimmern und mit Platz für bis zu zehn Personen gleichzeitig beschrieben. Die Location musste ich mitnehmen und so stand ich um kurz vor Mitternacht vor dem im Internet beschriebenen Haus. Marla fuhr mit ihrer Tochter in die Nacht und ich ging müde durch das kleine Gartentor zum Eingang des Hauses, welches wie die Villa Kunterbunt aussah. Nur ohne das Bunte daran.

– KAPITEL 11 –

OHIO

EXTREM COUCHSURFER

Durch einen schmalen Flur ging ich durch die angelehnte Haustür. Eine Katze kam mir entgegen. Ich mag Katzen. Gehört hatte mein Klopfen scheinbar niemand. Am Ende des Flurs war eine Tür. Ich öffnete die Tür und stand in einem kleinen Esszimmer. Anna kam aus der Küche und grüßte mich beiläufig. Die war daran gewöhnt, dass fremde Menschen ins Haus stolperten. Da gab es kein aufgeregtes Willkommenskomitee. Annas Freund Scott war auch da und noch ein anderer Couchsurfer aus irgendeinem anderen Land. Wir setzten uns zusammen im Keller auf ein paar Couches und erzählten. Anna und Scott erzählten von den hunderten Gästen, die sie schon hatten. Der andere Typ erzählte Dinge, an die ich keine Erinnerung mehr habe und ich erzählte von meiner Reise. Ein paar hundert Gäste waren schon durch dieses Haus gestapft. Verrückt. Im ersten Stock gab es vier Schlafzimmer. Drei waren frei und ich konnte mir eins aussuchen. Ich entschied mich für das Zimmer direkt an der Treppe und sammelte mir aus den anderen Räumen die komfortabelste Bettwäsche zusammen. Ich war müde und freute mich auf mein Bett. Eine der umherstreifenden Katzen gesellte sich zu mir und ein Tag mit vielen Aufs und Abs ging zu Ende. Am nächsten Morgen stand das TV Interview an. Zumindest war ich zu dem Zeitpunkt noch in dem Glauben. Ich machte meine Augen zu und schlief wie ein Stein.

Ich schlief wirklich wie ein Stein. Egal ob auf Gerümpel unter einer Treppe wie in Olympia oder an all den anderen Schlafplätzen, die jeden Tag wechselten. Ich konnte meine Augen zu machen und war für acht Stunden im Koma. Der nächste Tag brach an. Die Katze war immer noch da. Vielleicht war sie auch kurz weg und ist wiedergekommen. Weiß ich ja nicht. Könnte aber sein. Im Bad neben meinem Zimmer machte ich mich fertig, um 11:30 Uhr wollten wir uns am Studio des TV Senders treffen. Als ich aus dem Bad kam klingelte mein Handy. Ein Mitarbeiter des Senders war am Telefon. Er sagte den Dreh ab. Ein Kameramann war ausgefallen. „Fuck!", dachte ich mir. Hatte ich mich durch meine Nachfrage nach dem Zugticket vielleicht selbst aus dem Rennen gekickt? Wirkte meine Reise für die Studioleitung vielleicht inszeniert? Antworten auf diese Fragen bekam ich nicht. Lediglich, dass der Dreh nicht stattfinden würde und auch nicht nachgeholt werden sollte. Die gute Nachricht jedoch war, dass NBC mich zu einer Morning Show für den nächsten Tag um halb sieben in der Früh eingeladen hatte. Ein angenehmes Trostpflaster. Meine Tagesplanung war gerade wegradiert worden, ich hatte also Zeit. Unten in der Küche saß Anna. Ich kam runter und schaute mich ein wenig um. Anna war vertieft in ihre Arbeit und schenkte mir keine Aufmerksamkeit. Die Dynamik in diesem Haus war sehr komisch. So gar nicht wie *Couchsurfing* in den meisten Fällen ablief. Ich kam mir eher vor wie in einem Hostel. Routinierte Abfertigung, diverse freistehende Räume und mehr oder weniger interessierte Gastgeber. Das Schöne am Couchsurfen war gerade, dass man sich austauschte, auf die andere Person einstellte und zusammen etwas unternahm. Nach hunderten von Gästen war das Persönliche bei den beiden wohl abhandengekommen. Insgesamt waren die mir zu extrem auf dem Trip unterwegs, die tollsten und besten Gastgeber des Planeten zu sein. Für mich waren die zwei völlig am Sinn der Sache vorbei unterwegs. Zu extrem hat eben meistens irgendwelche Nebenwirkungen.

Zu Beginn des Tages lieh ich mir ein Fahrrad von Anna und fuhr ein bisschen durch Cleveland. In der Nähe konnte man ans Wasser. Genau wie in Chicago war es eiskalt. Neue Eisschollen hatten sich gebildet. Dieses Mal allerdings nicht nur als Platten, die auf dem Wasser umher schwammen. Eine richtige Ebene aus Eis dockte an das Ufer an und ging einige Meter aufs Wasser hinaus. Das Eis war mindestens zehn Zentimeter dick. Ohne Probleme konnte ich auf der Eislandschaft umherlaufen und den Blick zum Horizont genießen. Meine Hände froren mir ab. Ich schwang mich zurück aufs Fahrrad und fuhr zurück zu Anna und Scott.

Etwas Aufregendes passierte an diesem Tag bis dahin nicht. Ich organisierte mir den nächsten Schlafplatz und wurde am Nachmittag von Kimberly abgeholt, die nur ein paar Blöcke weiter zusammen mit ihrem Freund Andy wohnte. Angekommen am zweistöckigen Neubau der beiden, gingen wir durch die Garage in das modern eingerichtete Wohnzimmer mit offener Küche. Der Tresen war gerade erst gefärbt worden und Kimberly war damit beschäftigt, die Katze aus der Küche fern zu halten. Hoffentlich denke ich daran, nichts in der Küche abzulegen, dachte ich mir. Die Katze war wahrscheinlich die kleinere Gefahr. Im ersten Stock zeigte Kimberly mir mein Zimmer. Ein großes Doppelbett in einem Zimmer, welches in warmen Farben eingerichtet war. Direkt daneben war das Badezimmer. Das waren die Glücksgriffe beim *Couchsurfing*. Von jedem Gastgeber, zu dem ich kam, erwartete ich das geringste: eine Couch. Gab es ein richtiges Bett, sogar ein eigenes Zimmer oder gar eine eigene Etage mit Bad, freute ich mich umso mehr. Dankbarkeit für Kleines und Alltägliches war eine Sache, die ich auf der Reise mittlerweile gelernt hatte. Wenn man am Morgen nicht wusste, wo man schlafen würde oder was und ob man etwas essen würde, machte einen sogar ein Apfel glücklich. Apropos Apfel. Mein Notfall Apfel aus Seattle von Siavash war immernoch am Leben und reiste in meiner Jackentasche wie ein treuer Begleiter mit mir.

SAVE MY ASS

Ich hatte ein Problem. Seit ein paar Tagen schon wurde es zunehmend größer und ich konnte förmlich zusehen, wie mein Arsch auf Grundeis ging. Ich hatte in jede Richtung gedacht, wie ich das Problem lösen könnte. Vor allem morgens und abends war ich direkt mit dem Problem konfrontiert, tagsüber fühlte ich es nur. Eine Lösung fand ich nicht und es war der Tag gekommen, mein Problem in die Hand zu nehmen: Ich hatte ein riesiges Loch in meiner Hose. Meiner einzigen Hose. Am Arsch. Nur ein paar Fäden hielten die Hose an dieser Stelle noch zusammen und hätte ich keine Boxershorts angehabt, hätte die Welt bei der Durchreise meinen Arsch betrachten können. Eine Skihose hatte ich noch dabei, das wäre aber viel zu warm geworden. An eine zweite Jeans hatte ich nicht gedacht. Drei Pullover, von denen ich bisher nicht einen gebraucht hatte, waren mir wichtiger erschienen.

Die Hose war kaputt und ich entschied mich eine *GoFundMe* Kampagne zu starten. Ein Online Aufruf an die Allgemeinheit, um für einen definierten Zweck zu spenden. Kurzerhand machte ich im Wohnzimmer ein kurzes Video, in dem ich unter dem Slogan *Save my Ass!* dazu aufrief, eine neue Hose finanziert zu bekommen. Wegen der wirklich ernsten Lage, in der ich mich befand, entschied ich mich, das Kampagnenziel auf 49 Dollar zu setzen. So viel kostete schließlich die Jeans, die ich anhatte. Eine 15 Dollar H&M Hose hätte natürlich nicht gereicht. Große Spendenkampagnen zum Vorbild genommen, entschied ich mich ein paar Belohnungen für Spender in Aussicht zu stellen. Für 5 Dollar gab es ein Video, in dem ich geräuschlosen Beifall für die lausige Spende klatschte. Für 10 Dollar gab es drei Fotos von meinem Arsch in meiner neuen Hose. Für 25 Dollar versprach ich den Namen des Spenders während meines nächsten TV Auftritts zu verkünden (sollte es einen geben). Für 49 Dollar stellte ich die Namensnennung bei meinem Besuch in der *#AskGaryVee Show* in Aussicht. Für 149 Dollar erklärte ich den Spender für verrückt, da ich nur nach 49 Dollar gefragt hatte und öffnete die Tür für eine beliebige Aufgabe, die ich erfüllen musste. Eine der absurdesten Crowdfunding Kampagnen, die die Welt je gesehen hatte, ging online und um den Irrsinn der Sache komplett zu machen, wurden innerhalb von wenigen Stunden 84 Dollar gespendet. Das Bekloppteste an der Sache war jedoch, dass ich ohne Geld unterwegs war, also auch ohne Spendengeld. Das Geld durfte ich also ohnehin während der Reise nicht verwenden und in New York City hätte ich mir aus eigener Tasche eine neue Hose finanzieren können. Meine ausgeschriebenen Belohnungen mussten genau ins Schwarze getroffen haben! Zehn Monate nach meiner Reise liegen die 84 Dollar übrigens immer noch bei dem Onlineanbieter und warten darauf ausgezahlt zu werden. Warum ich die Spendenkampagne ins Leben gerufen hatte? Mich hat interessiert ob wirklich jemand auf den Quatsch aufspringen würde.

▶ Hier geht es zum Video: www.hitchhike-the-show.de/SaveMyAss

Mit Kimberly und Andy ging es abends in ein Hot Dog Restaurant. Auf der Karte standen unzählige Toppings, mit denen man sich den ultimativen Hot Dog zusammenstellen konnte. Neben den normalen Extras wie Zwiebeln oder Gurken, gab es Ei, Kartoffeln und alle möglichen anderen kreativen Kreationen, die ich mir schon beim Durchlesen nicht merken konnte. Am Ende bestellten wir uns so stark aufgemotzte Hot Dogs, dass sie ein komplettes Abendessen ergaben. Mit vollgeschlagenem Magen fuhren wir zurück zu den beiden und Kimberly und Andy nahmen mich mit in den Keller, um mir etwas zu zeigen. Kaum lief ich die Treppen runter stand ich vor einer riesigen Maschine. Es handelte sich um einen dieser Tanz Automaten, wie man sie aus Ami Filmen kennt. Auf dem Boden waren Pfeile nach links, rechts, vorne und hinten und auf dem Monitor vor einem wurde angezeigt, wo man mit welchem Fuß hin musste, um die richtigen Tanzmoves hinzulegen. Ähnlich wie Guitar Hero also, nur, dass das Gerät eigentlich für eine Kirmes oder Mall und nicht einen Keller gedacht war. Kimberly warf die Kiste an und ich setzte zum ersten Tanz an. Mit Kirmes Feeling machte ich eine eher lustige als gekonnte Figur zu einem Anfängerlied. Nach mir war Kimberly dran. Mit großen Augen schaute ich zu, wie sie in ihr Element verfiel. Im Profimodus sprang sie, als hätte sie zehn Dosen Red Bull intus, auf den Pfeilen umher und hatte den Spaß ihres Lebens. Es war unglaublich lustig und beeindruckend mit anzusehen, wie viele Stunden Training sie im Keller verbracht haben musste. Andy machte keine ganz so meisterhafte Figur wie Kimberly, stampfte mich jedoch ohne Mühe in Grund und Boden. Am nächsten Morgen stand der nächste TV Auftritt bei NBC an und Kimberly bot mir an, mich morgens um viertel vor sechs am Studio in der Innenstadt abzusetzen.

MORNING SHOW

Hellwach und voller Neugier was der Morgen bringen würde, stand ich um kurz vor sechs vor den Live Studios von NBC in Cleveland. Es war Samstagmorgen und die Stadt war noch verschlafen. Kaum ein Auto fuhr durch die noch dunklen Straßen. Im Eingangsbereich meldete mich ein Pförtner im Studio an und kurz darauf wurde ich abgeholt. In einem kleinen Raum für Studiogäste wartete ich für ein paar Minuten, bis die Aufnahmeleiterin mich mit in das eigentliche Studio nahm. Wir waren um kurz vor halb sieben dran, ich hatte also noch eine knappe halbe Stunde, um mir das Fernsehspektakel aus direkter Nähe anzusehen.

Ich saß bereits auf einem Sessel an dem Set, an dem die Morning Show auch gedreht wird. In dem gleichen Raum waren kreisförmig, verschiedene andere Sets für diverse Shows angeordnet. Mitten im Raum wurden die Kurznachrichten gedreht. Daneben gab es eine grüne Wand, vor der das Wetter gedreht wurde. Während ich wartete, wurden die verschiedenen Sprecher immer wieder eingezählt und gingen für ein paar Minuten oder Sekunden live. Der Text wurde von einem Teleprompter abgelesen, der den Text direkt in die Kameralinse projizierte. So sah es für den Zuschauer so aus, als ob der Sprecher, ohne etwas abzulesen, direkt in die Kamera schaute. Lustig war es zu sehen, wie gestriegelt und seriös alles ablief, sobald die Kamera an war. Im dem Moment, in dem der Bericht zu Ende war, wurden Handys gezückt und am Newstisch auf Facebook gesurft, Witze gemacht und rumgealbert. Vor allem aber merkte ich, wie langweilig der Job als TV Moderator sein musste. Den ganzen Tag saß man da, wartete auf seinen Einsatz und las den vorgegebenen Text ab. Nichts mit Glamour.

Es war fast 6:20 Uhr und Maureen Kyle, meine Interviewerin kam zu mir. Mittlerweile hatte ich ein wenig Interview- und Rednererfahrung sammeln können. Ein wenig nervös war ich vor jedem Auftritt. Dieses Mal war es meine erste Live-Show. Als Trick, um die Nervosität zu reduzieren, versuchte ich wann immer möglich kurz vor dem Auftritt so viel wie möglich zu reden, um in den richtigen Modus zu kommen. Maureen saß neben mir und wir fingen, kurz bevor wir Live gingen, an zu quatschen. Ich konnte mich auf sie einstimmen, wusste die Temperatur die das Gespräch haben würde und kaum angespannt, wurden wir eingezählt. Maureen stellte mir alle möglichen Fragen, die ich schon für die anderen Sender beantwortet hatte. Was ich genau machen würde, wo ich herkam und was für Menschen mich mitnehmen würden. Als sie mich offen fragte, was mein Endziel war, ergriff ich die Chance und erzählte von meinem Plan Gary zu treffen, um in die Show zu kommen. Dass ich es nach New York City schaffen würde, daran hatte ich zu diesem Zeitpunkt kaum noch Zweifel. Dafür lief bisher alles zu gut.

Die Gary Nummer allerdings machte mich noch nervös. Da konnte es nicht schaden, einen TV Auftritt gehabt zu haben, in dem man seinen Namen vor einem großen Publikum ins Gespräch bringt. In dem Bestseller Buch *Jab, Jab, Jab, Right Hook* beschreibt Gary seine Strategie, immer mehr und öfter zu geben, als dass man etwas verlangt. Deswegen dreimal *Jab*, welches für das Geben steht und dann der *Right Hook*, mit dem man sich etwas nimmt. Genau das tat ich. Der Fernsehauftritt war ein klarer *Jab*. Meine täglichen Posts, in denen ich ihn verlinkte, waren *Jabs*. Dieses Buch, in dem sein Name an unzähligen Stellen auftaucht, ist ein *Jab*. All die *Jabs* geben einem später das Recht, den *Right Hook* zu landen. Mit einem kleinen Versprecher von mir ging das Interview erfolgreich zu Ende. Ich war zufrieden. In einem richtigen Fernsehstudio gewesen zu sein, war super interessant und ich lernte bei jedem Dreh unglaublich viel für mich dazu. Kimberly hatte sich den Bericht von zu Hause angesehen und holte mich am Studio wieder ab.

– KAPITEL 12 –

PENNSYLVANIA

NEXT STOP: PITTSBURGH

Als wir für ein paar Stunden auf dem Sofa versackten und Kimberly uns mit einer Ei-Pizza stärkte (ich weiß auch nicht, was das alles für komische Kreationen sind, die ich serviert bekam), zog es uns nach draußen. Wir wollten etwas unternehmen. Andy war auf der Arbeit und Kimberly und ich fuhren raus aus der Stadt in einen Wald mit Felsen und Klippen, durch den wir hindurch wanderten. Moosbedeckte Steine, Felswände durch die man gehen konnte und ein paar Aussichtspunkte gab es. Später holten wir Andy ab, der fertig mit der Arbeit war. Zurück am Haus hieß es für mich Packen. Scott und Anna, von meiner ersten Nacht in Cleveland, hatten sich kurzfristig gemeldet und mich eingeladen, mit zu einem Couchsurfer Treffen in Pittsburgh zu fahren. Eigentlich hatte ich vor, geradewegs nach Osten bis nach New York City weiterzureisen. Ohne Umwege. Als ich auf die Karte schaute, sah ich jedoch, dass es zwischen Cleveland und New York City auf gerader Strecke nur kleinere Orte gab. Mit dem Abstecher nach Südosten über Pittsburgh konnte ich kurz vor New York City zusätzlich noch Philadelphia mitnehmen. Ich sagte zu und die beiden holten mich zusammen mit Jordan, einem Freund der Beiden, am Nachmittag ab.

Auf der dreistündigen Fahrt schaute ich in meine E-Mails. *Wel-*

come #AskGaryVee Book Squad Agent!!!, stand im Betreff. „Nachricht von Gary!?", ging es mir durch den Kopf. Nicht ganz. Ein paar Wochen zuvor hatte ich mich mit meiner E-Mail-Adresse bei einem Aufruf von Gary eingetragen, sein neuestes Buch zu promoten. Ich wollte vor allem wissen, wie er selbst das Marketing von einem seiner Projekte anging. Ich war also mehr an seiner Vorgehensweise interessiert, als auf meiner Facebook Seite für sein Buch zu werben. Alle, die sich in die Liste eingetragen hatten, wurden in eine geschlossene Facebook Gruppe eingeladen, in der er selbst und sein Team ebenfalls Mitglied waren. Mit meiner Reise hatte das Ganze jedoch nichts direkt zu tun und eine persönliche Nachricht war das ebenfalls nicht. Meine E-Mail war im Verteiler und deswegen war ich mit dabei. Als ich in die Facebook Gruppe schaute, sah ich, dass diese schon ein paar Tage vorher erstellt worden war. Garys Team stellte den Mitgliedern verschiedene Aufgaben, um sein Buch zu bewerben. Als Belohnung dafür, verloste er signierte Bücher und andere Dinge, die seine Community interessierten. Ich war in einer Gruppe mit einem Haufen seiner Fans, ihm selbst und seinem Team. Ich wusste, dass mir das Live Interview vom Morgen, mit der Antwort auf die Frage, was mein Endziel war, noch von Vorteil sein sollte. Kurzerhand postete ich die Aufzeichnung des Interviews in die Facebook Gruppe, stellte mich mit zwei Sätzen vor und wartete ab.

In Pittsburgh angekommen, fuhren wir zu Brandon, einem gemeinsamen Freund von Anna und Scott. Brandon nahm uns für die Nacht bei sich auf. Dieses Mal gab es für jeden eine Couch. *Couchsurfing* halt. Mittlerweile war es dunkel geworden und zu fünft gingen wir raus und machten die Nachbarschaft unsicher. In eine kleine Sportsbar zog es uns, wir gucken American Football und aßen Sandwiches. Nicht allzu spät ging es auch schon wieder zurück. Am nächsten Morgen stand ein *Couchsurfing* Potluck an. Ein Treffen mit mehreren Leuten, bei denen jeder etwas zu Essen mitbringt. Wie fast jede Nacht schlief ich wie ein Stein. Egal ob Couch, King Size Bett oder Treppenhohlraum. Scott war da nicht so verträglich. Er moserte über die unbequeme Couch, die er abbekommen hatte. Früh ging es dann zur Veranstalterin des Potlucks. Wir waren um die zehn Personen. Alles begeisterte Couchsurfer, die sich über die Plattform kennengelernt hatten und eine starke Gemeinschaft aufbauen wollten. Ein paar Interessierte, die sich die Sache einmal ansehen wollten, kamen auch vorbei. Ich fand die ganze Nummer extrem komisch und wurde seit meiner Ankunft in Cleveland nicht warm mit der Truppe. Zu viel *wir sind Extremcouchsurfer* lag mir in der Luft. Zu viel Vergleichen, wer der bessere Gastgeber war, wer die bessere Couch hatte und wer schon mehr Gäste bei sich gehabt hatte, konnte ich unterschwellig wahrnehmen. Ich nahm das Couchsurfen als Form des Reisens und als einfachen Weg wahr, die Menschen aus dem Land, in dem man gerade war, kennen zu lernen. Nicht um mich damit zu identifizieren, ein weltoffener und besonders gütiger Mensch zu sein. Meistens, wenn etwas ins Extreme geht, wird es bizarr. So empfand ich das Spektakel, welches sich um mich herum abspielte.

Es war höchste Zeit für einen Szenenwechsel. Ich hatte die nächste Zusage für einen Schlafplatz und eine Einladung etwas zu unternehmen. Juliette und Michael wohnten ein paar Kilometer entfernt und ich verabschiedete mich aus der Runde. Meinen Backpack auf den Rücken geschnallt, den Schlafsack in der einen Hand und den Laptop in der anderen Hand, marschierte ich los. Ein paar hundert Meter waren schon eine Qual mit meiner Ausrüstung. Ein paar Kilometer waren jedoch der Horror. In diesen Momenten schätzte ich mich sehr glücklich, dass mein Freund Jonas mir diesen Rucksack geliehen hatte. Ich schnallte den Hüftgurt um und konnte so das Gewicht von den Schultern wegnehmen. Das machte die ganze Sache weitaus angenehmer. Gleichzeitig freute ich mich jedoch auch, ein paar Meter zu Fuß zu gehen. Auf der ganzen Reise bewegte ich mich meist mit Autos, Bussen oder Straßenbahnen von A nach B. Es war schön ohne Geschwindigkeit und ganz alleine die Welt und das Unbekannte auf mich wirken zu lassen. Auf halber Strecke hielt ein Auto mit einer äußerst attraktiven Frau vor mir an. Sie hatte mich aus der Entfernung mit meinem Schild und dem großen Rucksack gesehen und fragte, ob sie mich irgendwohin mitnehmen könnte. Ich freute mich enorm über die Hilfsbereitschaft, lehnte aber ab. Ich hatte es nicht mehr weit und der Spaziergang tat mir gut. Ein paar Meter weiter kam ich an einer Frau mit türkis-orangen Haaren, goldener Jacke und einer lustigen Brille vorbei. Wir kamen ins Gespräch und gingen ein paar Meter weiter. Mein Gedächtnis ist wie ein Sieb, wenn es um Inhalte von knappen Gesprächen geht und wie Du dir wahrscheinlich schon denken kannst, habe ich keine Ahnung mehr, worüber wir gesprochen haben. Celeste war ihr Name, den konnte ich mir merken. Wir blieben jedoch über Facebook in Kontakt und sie steuerte einen Auszug aus Ihrer Sicht der Geschehnisse bei.

> Celeste Neuhaus, Pittsburgh
>
> I saw Paul walking in my neighborhood one morning, carrying an upside down sign, that because of what I was preoccupied with, I misread. I thought it said "FREE". I could tell he was a traveler, and wanted to take advantage of the serendipity of the timing of our intersecting, so caught up to him and asked him his story. We walked together for severeral blocks. He was warm and gracious. I liked the audacity of his experiment. He told me that Fox News had covered his project and I thought it was a strange exception to their usual stance that they hadn't portray him as a freeloader or a fool. I wonder if it is because it supported the premise that they tout, which is that it's not so bad to be poor. They like to do stories that villify the poor, or that describe the poor as being much more well off than we realize. For example: statistics about how many poor people actually have microwaves and televisions. They are a purveyor of dangerous ideologies. Paul and I parted ways as he went off to watch the debates and I continued on to read at a coffee shop near by.
>
> While I totally appreciate the spirit and concept of Paul's project, I can't help but feel how important it is to be aware of the role that priveledge has played in it's success. An able- bodied, handsome, white, cis male gets rewarded for making the choice to travel in this manner. But being able to travel alone and in relative saftey is a priveledge. A cis woman would be taking a much greater risk, and wouldn't be received with such support. A minority or Trans individual would likely not get celebrated and most likely would not recieve the kind of assistance that Paul was given. These are obvious observations, but I'm not sure if they have been adressed yet. Also, pretending like you don't have money is a very different experience than actually not having money. It is a different kind of mind set. Poverty is not a fun adventure for those who are truly experiencing it., and living with it. The proposition that "it's not so bad" may be

true in the case of a temporary experiment done over a vacation, but constantly grappling with surviving, with no savings account, for example, is a different beast.

The timimg of our meeting was coincidental, because I too had been in the position of living each day without any knowledge of how I would sustain myself financially beyond the next 24 hours. I am an artist and a teacher. My back story: Because I found myself unsustainably pouring my energy into the vacuum of teaching art to children in impoverished communities through various corporate charter schools, which let's be clear are businesses and ultimately unconcerned with the quality of education they offer their students, I deliberately made the choice to streamline by prioritising my own art practice and teaching through only one institution, Carnegie Mellon University. My artwork takes the forms of performance, sculpture, and assemblage. It advocates for and offers what is missing in our consumption-driven, capitalist, patriarchical American culture. I examine the role materialism plays in disconnecting us from the rituals we observe, and strive to offer a more meaningful experience of the underlying essence of those rituals. I have repeatedly chosen to put all of my resources in to my work, physically, socially and financially, both because I am passionate about what I do, and also as a form of investment in my own future. The better the work I make, the more opportunities I can secure to make better work. This of course has resulted in having no financial security, and has at times been very scary. So while I appreciate Paul's celebration of being a non-consumer, after living this way for almost a year it does become a constant act of faith as it continues to be very stressful. (And of course, many people live without any financial security their whole lives, and for generations.) I think it is important to experience the freedom that comes from not prioritising having money, but at a certain point, the continued lack of security that comes from actual survival being a concern (having enough money for food, for example) leaves one feeling worn out and vulnerable, as well as the subject of much judgement from others. If you don't actually have money, people see you as unsuccessful and weak. I would be curious to see how Paul's experiment would be different not using money wasn't a rule in a game, but

> an actual limitation. But I wouldn't wish this on him.

PITTSBURGH BY BIKE

Angekommen bei Juliette und Michael, die in einem kleinen Einfamilienhaus wohnten, legte ich mein Gepäck ab und wir verließen das Haus wieder. Juliette und Michael waren Anfang 30 und beide super sympathisch und locker drauf. Aufgrund der damals noch anstehenden Wahlen, gab es in der Innenstadt eine Debatte von Lokalpolitikern. Zu dieser ging es für uns drei. Die in Deutschland unglaublich unpraktisch wirkenden Mietfahrräder der Deutschen Bahn gab es in Pittsburgh auch, nur, dass sie dort weitaus eleganter präsentiert wurden und an jeder Ecke verfügbar waren. Juliette und Michael hatten Guthabenkarten und so radelten wir mit den Fahrrädern los. Es ging bergab, wir fuhren quer durch die Stadt und kamen an der Uni von Pittsburgh an, an der die Debatte stattfand. Direkt vor der Uni gab es eine Abgabestelle für die Fahrräder, an der man sie später auch wieder buchen konnte.

Die Politik selbst interessierte mich nicht wirklich, dafür aber der Ablauf einer US Debatte. Durch deutsche Medien geschädigt, erwartete ich auf Hochglanz polierte Politiker, die einem das grüne vom Himmel redeten oder die Waffengesetze lockern wollten. So war es natürlich nicht. Neben einer künstlich wirkenden Frau, die ihren Text auswendig gelernt hatte, gab es einen älteren Mann, der in der Armee gedient und dadurch hohen Respekt von der Bevölkerung genossen hatte und einen Underdog, der übergewichtig, tätowiert und mit langen Haaren die Massen auf seiner Seite hatte. Er war alternativ eingestimmt und gedanklich fernab vom Mainstream. Eine Person, die man sich nicht vorstellt, wenn man an die Politik in den USA denkt. Das beste an der Debatte war jedoch das kostenlose Buffet. Ich deckte mich mit Käse, Keksen und Limonade ein und gestärkt ging es mit den Fahrrädern weiter durch die Stadt. Wir fuhren über eine Brücke, die den Norden Pittsburgh mit der Innenstadt verband, kamen an der belebten Promenade des Allegheny Rivers vorbei und fuhren durch ein paar unbefestigte Wege, bis wir die komplette Stadt einmal umfahren hatten. Auf dem Rückweg hatte ich fast vergessen, dass wir auf dem Hinweg ein gutes Stück bergab unterwegs waren. Wie schön steil das vor ein paar Stunden noch war, merkte ich, als mir auffiel, wie beschissen steil der ein Kilometer lange Berg auf einmal war. Außer Atem stellten wir die Fahrräder wieder ab und kamen glücklich nach Hause.

Das war die Action, die ich an diesem Tag gebraucht hatte. Juliette und Michael fuhren zu Verwandten und ich machte es mir auf dem Sofa im Wohnzimmer bequem. Zeit zu schauen, ob es erste Reaktionen auf meinen Beitrag in der Facebook Gruppe von Gary gab. Mehr als 50 Likes hatte mein Beitrag bekommen und knapp 30 Kommentare hatte mein Video. Einige der Mitglieder der Gruppe hatten schon auf Instagram von mir mitbekommen. Andere erfuhren zum ersten Mal von meiner Reise. Alle feuerten mich an und drückten mir die Daumen in die Show zu kommen. Mit jedem Kommentar stieg mein Beitrag in der Gruppe auch wieder nach ganz oben. Und was ganz oben stand, kam nicht an Gary vorbei. Naja, zumindest nicht an Garys Team. Er selbst verbrachte wohl nicht allzu viel Zeit in der Facebook Gruppe. Juliette sagte, bevor sie aus der Tür ging, ich sollte mich wie zu Hause fühlen. Mittlerweile hatte ich ein wenig Hunger bekommen und schaute mich in der Küche um. Neben ein bisschen Obst gab die Küche nicht allzu viel her, in einer Kommode fand ich aber Tomatensuppe. Im Kühlschrank standen jede Menge asiatische Gewürze und Saucen. Die Tomatensuppe wurde verfeinert und mit einer großen Schüssel machte ich es mir wieder auf dem Sofa gemütlich. Den Rest des Abends verbrachte ich damit den Beitrag in der Gruppe zu aktualisieren und gespannt auf neue Reaktionen zu warten. New York City wurde von Tag zu Tag greifbarer.

UP & DOWN

Tag 30. 07:00 Uhr morgens. Juliette musste früh ins Labor. Sie forschte mit einem Team an medizinischen Projekten. Sie bot mir an, mich am nächsten Highway abzusetzen. Während der Autofahrt war sie in einer Telefonkonferenz, die sie jeden Morgen mit ihren Kollegen und Vorgesetzten führte, um das aktuelle Projekt zu besprechen. Es war schön jemanden zu sehen, der Vollgas für eine Sache gab und für seine Arbeit brannte. Zwischendurch konnte Juliette das Telefon auf stumm schalten und wir quatschten noch ein wenig, bis sich unsere Wege trennten.

Direkt neben einem Highway stand ich unter einer Brücke. Der Verkehr kam von zwei Seiten und wurde entweder auf den Highway oder geradeaus daran vorbei geleitet. Ich suchte mir einen Platz direkt an einer Ampel, an der der Berufsverkehr hielt und mich so nicht übersehen konnte. Während den Grünphasen stand ich direkt am Ampelmast, während den Rotphasen ging ich wie ein Bettler von Auto zu Auto und zeigte mein Schild. Nach einer guten Weile hielt ein Auto an. Der Fahrer winkte mich ins Auto. Als ich gerade einsteigen wollte, sagte er ich solle etwas zum Benzin dazu tun. Ich erklärte ihm, dass ich ohne Geld unterwegs war. Er schmiss mich aus dem Auto und brauste davon. Was zum Teufel? Ohne jegliche Erwartungen war ich unterwegs. Tatsächlich, das hatte ich nicht erwartet. Der Typ nahm mich wegen ein paar Dollar nicht in die Richtung mit, in die er ohnehin unterwegs war. Das war ein Dämpfer. Zurück an meinen Platz.

So gut wie die Stelle am Anfang auch aussah, als so schlecht stellte sie sich dann später heraus. Mittlerweile stand ich um die drei Stunden und passte jedes vorbeifahrende Auto ab. Keiner hielt an. Ein Auto fuhr langsam an mir vorbei und kurbelte das Fenster runter. Hoffnung kam auf, doch der Fahrer warf Münzen nach mir. Was war los mit den Leuten an diesem Ort? Der erste nahm mich wegen ein paar Dollar fehlendem Spritgeldes nicht mit, der andere war zu ignorant, um zu verstehen, dass ich in keinerlei Geldnot war, sondern einfach nur vom Fleck kommen wollte. Mit Geld beworfen zu werden fühlte sich respektlos an. Als ob ich degradiert worden wäre. Da fiel mir auf, dass ich selbst schon einmal Geld beim Vorbeifahren für einen Bettler aus dem Fenster geworfen hatte. Ich meinte es gar nicht böse, konnte aber in dem Moment nicht anhalten und wollte helfen. Ob der sich in dieser Situation auch schlecht gefühlt hatte? Jedenfalls brauchte er wirklich das Geld und ich hatte gute Absichten. Mein Spot hatte keine positive Energie und ich entschied mich, meinen Joker zu ziehen. Aus Denver hatte ich mir noch ein paar kostenlose Lyft Fahrten aufgespart. Insgesamt fünf Freifahrten bekam ich als *Neukunde*. Zwei Stück hatte ich noch frei und ich entschied mich, soweit zu fahren wie ich konnte. Der Haken an der Sache war, ich musste trotzdem meine Kreditkartendaten eingeben und darauf achten, nicht zu weit zu fahren. Zu sagen, ich möchte nur meinen Gutschein einlösen ging nicht. Vorsicht war geboten! Meine erste Fahrt ging ca. 15 Kilometer weit. Ich blieb knapp unter dem Gutscheinbetrag. Ein Gutschein war noch frei und ich schaute mir auf der Karte genau an, wo ein guter Absetzpunkt nach der zweiten Fahrt sein könnte. Ich hatte eine Autobahnauffahrt gefunden und löste den zweiten Gutschein ein. Ein Fahrer gabelte mich auf und setzte mich wie vereinbart ab. Über die Lyft App konnte ich sehen, was die Fahrt kostete. Ich war im grünen Bereich. Ich lag mit 9,47 Dollar unter dem Gutscheinbetrag von 10 Dollar. Der Fahrer drückte auf *Gast absetzen* und für einen kurzen Moment war ich schockiert. Irgendeine verfluchte *Trust&Service Gebühr*, von der ich nichts wusste, wurde aufgeschlagen und ich lag mit 1,02 Dollar über dem Freibetrag. Fuck. Ich konnte nichts machen. Der Fahrer konnte nichts machen. Die Buchung war im System und 1,02 Dollar wurden von meiner Kreditkarte abgebucht. Die Sache nervte mich tierisch. Ohne Geld war ich trotzdem unterwegs, der eine Dollar machte vielleicht 10 Meter der Fahrt aus. Aber es ärgerte mich wegen so etwas dummen nicht zu vollen 100% ohne Geld gereist zu sein. Tag 30 lief so gar nicht berauschend.

Geknickt schnallte ich mir meinen Backpack auf und ging die Straße in Richtung Highway entlang. Nicht weit entfernt führte die Straße zu Highway 76 und ich sah, dass in der Nähe eine Mautstation ausgeschildert war. Das könnte ein guter Spot für mich sein, dachte ich und ging am Rand des Highways entlang, um die Lage auszukundschaften. An der Straße standen Schilder mit der Aufschrift: *HITCH-HIKING IS A SAFETY VIOLATION PUNISHABLE BY A FINE*. Zu Deutsch also: Fahren per Anhalter verboten und strafbar! Ein Verbotsschild fürs Trampen? Das fand ich lustig und stoppte für ein Selfie, auf dem ich belustigt auf das Schild schaue. Das Schild zeigte mir jedoch, dass die Idee, mir einen Platz an der Mautstation zu suchen, vielleicht doch nicht die schlauste war. Dort waren bestimmt Kameras und Personal. Die hätten mich schneller vertreiben, als ich mein Schild hätte auffalten können. Ich drehte um und ging zurück zu der Straße, die auf den Highway führt.

Der Platz sah gut aus. Eine langgezogene Fahrbahn mit genug Platz für Autos zum Anhalten. Mein Gepäck an den Rand der Straße gestellt, machte ich mir Musik an und positionierte mich für alle vorbeifahrenden Autos gut sichtbar. Die Musik brachte mich aus der muffigen Stimmung raus und ich machte mir einen Spaß aus dem langen Warten. So langweilig ist das Rumstehen an der Straße für mich auch nie gewesen. Durch die etlichen Blickkontakte, die man mit den Vorbeifahrenden aufbaute, entstanden immer kurz kleine Verbindungen. Man konnte sehen, wie manche einem gerne helfen wollten, aber nicht in die Richtung fuhren, einige keine Zeit hatten oder andere sich dabei ertappt fühlten, einfach nicht helfen zu wollen. Ich war cool mit allen und niemandem böse, der mich nicht mitnahm. Auch wenn ich wusste, dass er Richtung Osten fuhr. Umso lustiger war es dann zu sehen, dass die Leute teilweise selbst ein schlechtes Gewissen bekamen. Die Musik lockerte mich auf und ich tanzte an der Straße durch die Gegend. Ungläubig schauten mich die Leute an und waren über meine gute Laune verwundert. Ich hatte Spaß und ließ Stunde um Stunde verstreichen. Es hielt niemand an. So lange hatte ich bisher nur warten müssen, als ich aus Sacramento in Richtung Reno in Nevada gefahren bin.

Nach an diesem Tag insgesamt sechs Stunden Wartezeit hielt eine Frau an und fragte, wo ich hinwollte. Sie konnte mich nicht mitnehmen, sie fuhr nur ein paar Kilometer weiter zur Arbeit. Sie versprach mir aber in ein paar Stunden wieder vorbei zu schauen und wenn ich noch immer da sein würde, würde sie mich mitnehmen. Das war ein Deal. Noch eine Stunde verging. Einer hielt an. Und was für einer. Eine neue Audi S-Line in edlem grau fuhr rechts ran und ich sprang zur Beifahrertür. Der Fahrer lud mich ein einzusteigen und nur um auf Nummer sicher zu gehen, fragte ich beiläufig, wohin er unterwegs war. Er war nach Westen unterwegs. Falsche Richtung. Verdammt. Nur wäre ich gerne endlich vom Fleck gekommen, die S-Line hatte es mir auch angetan. Das war das Schlechte daran, wenn die Straße an der man stand auf beide Highways führte. Fifty-Fifty standen die Chancen. Der Tag war gegen mich. Mein Handy vibrierte. Ich hatte eine Facebook Nachricht von Savina, einem Mitglied aus der Gruppe von Gary: *Oh I just saw you are the guy that Gary talked about good luck man!* Ich glaubte ihr nicht und hakte nach. Ich wollte genau wissen wo und wann und wie ich es mir ansehen könnte. Sie schickte mir einen Link zu einem Facebook Live Video das Gary gerade auf seiner Seite geteilt hatte. Im Rahmen der Veröffentlichung für sein neues Buch, welches den Titel der Show hat, in die ich kommen wollte, war er zu diesem Zeitpunkt dabei, das Hörbuch einzusprechen. In dem Buch wurden die besten Fragen, die er jemals während der *#AskGaryVee* Show bekam gesammelt und er beantwortete sie für das Hörbuch nochmal neu. Das Video ging über eine halbe Stunde. Ich wusste nicht wo genau er über mich sprach oder was er sagte. Ich konnte immer noch nicht glauben, dass er wirklich über mich sprach und dachte, Savina interpretiere bestimmt eine Bemerkung falsch. Egal. Ich musste es wissen und hörte mir das Video hoch und runter an. Da war die Stelle! Ein Musiker hatte die Frage gestellt, wie man als Musiker ins Gespräch und an Auftritte kommen könnte. Garys Antwort war, dass man den Komfort zu Hause lassen sollte und einfach durch das Land reisen sollte. Dass man sich mit Dosenessen über Wasser halten konnte, Unmengen an Leuten kennen lernen würde und die beste Zeit seines Lebens haben würde. Um seinen Punkt zu untermauern schob er noch etwas nach: „There is some kid hitchhiking from Vancouver to my office right now, cause he wants to get on the *#AskGaryVee Show* and he is getting by, by the kindness of strangers!" Tatsache. Das war keine falsche Interpretation. Ich war 100% gemeint. Wow! Gary hatte mich auf dem Schirm und meine Social Media Aktionen hatten funktioniert. Die täglichen Postings, das massenweise Folgen seiner Fans und die hunderten Nachrichten, die ich jeden Tag rausschickte, um Aufmerksamkeit auf mich zu lenken, hatten genau das erreicht, was ich wollte: Mich auf Garys Radar zu werfen. Ich war auf seinem Radar. Keine Frage. Seit meiner Abreise vor 30 Tagen war das die erste Reaktion, die ich aus seiner Richtung bekam.

Alle negativen Gedanken des Tages waren wie weggeblasen und ich war voller Energie. Ich war bereit für New York City. Aber erstmal musste ich weg von der Straße und in Richtung Philadelphia, das noch 490 Kilometer entfernt war. New York City war noch insgesamt 641 Kilometer weit weg und ich hatte zweieinhalb Tage Zeit, um in meinem Plan von 32 Tagen zu bleiben. Nicht einen Tag mehr und nicht einen Tag weniger wollte ich brauchen. Die Frau, die vor kurzem angehalten war, tauchte wieder auf und hielt an. Sie hatte ihr Wort gehalten und ich stieg ein. Ihr Name war Vicky und sie war auf dem Weg nach Hause, 45 Kilometer Richtung Osten. Vicky war früher selbst oft per Anhalter unterwegs, erzählte sie. Sie fuhr ein altes klappriges Auto und ich schnappte mir die Banane, die ich am Morgen von Juliette und Michael bekommen hatte. Als ich nur noch die Schale in der Hand hatte und überlegte wohin damit, machte Vicky eine lässige Geste, die so viel aussagte wie: *ach, wirf einfach nach hinten.* Die Rückbank war voll mit irgendwelchem Krempel, da machte die Bananenschale tatsächlich nichts mehr aus und so flog sie über meine Schulter nach hinten. Vicky war ein unglaublich warmer Mensch, sie erzählte einige Storys von früher, wie sie selbst durch die Welt gereist war und, dass sie den perfekten nächsten Platz für die Weiterfahrt für mich hatte. Ich war gespannt. An einem Truck-Stopp und Tankstellen fuhren wir vorbei. Das sah für mich nach perfekten Locations aus, doch Vicky winkte ab. Nach einer knappen Stunde waren wir angekommen. Mitten auf dem Highway hielt sie auf dem Seitenstreifen an. Das sollte mein nächster Standort sein. Wollte die mich verarschen? Mitten auf dem Highway? Wer sollte denn da aus voller Fahrt anhalten? Dann noch die Schilder vom Morgen, auf denen stand, dass das Trampen in der Gegend verboten war. Das war mir an sich ziemlich egal, aber für mich sah der Platz alles andere als perfekt aus. Ich bedankte mich für die Fahrt, packte meine Sachen unter den Arm und stellte mich ungläubig auf den Seitenstreifen.

Niemand würde hier anhalten, ging es mir durch den Kopf, während ich mein Pappschild in Richtung der vorbei rasenden Autos hielt. In der kurzen Zeit konnte wahrscheinlich nicht mal jemand lesen, was da draufsteht. Vicky war mittlerweile abgebraust und ich noch immer verdattert darüber, wie sie mir einen Seitenstreifen als das Mekka des Trampens verkauft hatte. Da hielt hinter mir ein Auto nach nicht mal 15 Minuten Wartezeit an. Vicky hatte Recht. Der Spot war perfekt und stellte meine beiden Locations des Tages, an denen ich mehr als sechs Stunden gewartet hatte, komplett in den Schatten. Aus dem Auto kam eine junge Frau auf mich zu. Sie hieß Laura. Nach dem kurzen Speed Dating mit den Fragen, wohin man wollte und wohin der andere fuhr, saß ich kurze Zeit später mit Laura im Auto und wir fuhren los. Sie kam gerade von ihrem Job in einem Fast Food Restaurant und war auf dem Weg nach Hause. Sie wohnte nicht allzu weit entfernt und fragte mich, wo sie mich am besten rauswerfen sollte. Ich überließ die Entscheidung ihr. Sie kannte die Gegend und es war ihr Feierabend. Sie fuhr den Highway, der bis an die Ostküste ging, immer weiter geradeaus und legte eine CD mit dem Skyrim Soundtrack ein. Das Spiel habe ich nicht gezockt, eine Zeit lang habe ich aber viele epische Soundtracks von Spielen wie Assassins Creed und Skyrim beim Arbeiten gehört. Sie traf meinen Geschmack und wir fuhren weiter.

An ihrem Wohnort waren wir längst vorbei. Sie wirkte auf mich nicht, wie der selbstbewussteste Mensch auf der Welt. Mir war wichtig, dass sie nicht dachte, sie müsse mich zu einem bestimmten Ort fahren und sagte noch einmal, sie solle mich einfach irgendwo absetzen, wo es für sie passte. Sie nickte. Ein paar Kilometer später hielten wir an einem Starbucks an und sie lud mich auf einen Kakao ein. Koffein war noch nie meins, ein absoluter Kakao Fan war ich aber schon immer. Ich fühlte mich so, als würde ich zu viel von ihr nehmen. Wir waren mittlerweile knapp zwei Stunden unterwegs und ich hatte einen Starbucks in der Hand. Auch wenn ich nach nichts verlangt hatte, wollte ich etwas zurückgeben können. Das tat ich scheinbar schon die ganze Zeit, ohne es in diesem Moment zu merken. Es ging zurück auf die Straße und es ging immer weiter Richtung Philadelphia. Laura setzte mich nicht irgendwo ab, sie fuhr die kompletten vier Stunden bis nach Philadelphia. Sie übernahm die kompletten Spritkosten und zahlte die Maut von ca. 60 Dollar. Die komplette Strecke musste sie nun auch noch zurückfahren und zum Abschied drückte sie mir noch einen Starbucks in die Hand.

Ich war fassungslos. Warum sollte ein Mensch eine andere fremde Person vier Stunden in eine Richtung fahren, in die er selbst gar nicht musste? Das war für mich unbegreiflich. Das hatte ich auch schon bei Brian, dem Trucker, nicht verstanden. Und bei Jason, der mich von Sacramento nach Reno gefahren hatte. Ohne es böse zu meinen, erklärte ich die Leute für bekloppt. Ich habe es einfach nicht verstanden. Erst als ich Lauras Beitrag für dieses Buch gelesen hatte, hat es Klick gemacht. Für mich war die ganze große Reise das Abenteuer. Die einzelnen Fahrten im Vergleich eher kleine Puzzleteile, die mittlerweile Routine hatten. Was für mich die Reise war, war für viele andere Menschen, die in ihrem Alltag lebten, mich aufzugabeln und ins Unbekannte zu fahren. Sie wurden für einen kurzen Moment Teil der Reise und es fühlte sich wahrscheinlich so an, als wären sie selbst auf Achse. Wer wünscht sich nicht, mehr zu reisen? Kaum jemand. Und da lag die Antwort für meine

Verwunderung.

> Laura Lee
>
> It was my first day off in a while, and I had to spend it running errands. I spent three hours for a car inspection. By time I was done with everything, 'twas already the middle of the afternoon. I'm going to the store and then I wanted to do something, anything besides just watching TV for the rest of it. Little did I know, that anything has a wide range.
> So I pull onto the highway ramp and I see this guy, he's just standing there with this sign, says EAST. That's it, just EAST. So I pull over. I live near a few apartment complexes, and I normally give people a lift on my way home from work, so it's nothing new. Anyway, he's on the phone, so I wait. He says he's going to Philadelphia, and we get his stuff in the backseat then take off. We talk for bit, just nonsense. Find his name is Paul and we share a similar video game taste. He'd been traveling the US because he could. And he wanted to get his story out there, share his experiences. I'm not one for small talk and don't really hold conversation well. (something I regret here because there's so many things in hindsight I would've asked, but nothing important really. Just what more about his experience, but I guess I found out that stuff on facebook). So I mention the radio and CD's that I have. My luck he picked one of my favorites, a Halo sound tract.
> We make a stop for gas, and I asked if he was hungry, he wasn't so we went on. He mentioned again that I could drop him off anywhere, but this was just the little adventure I think I needed, and I didn't have any plans for the night. We go on, and he starts reaching in the back. I'm not stupid, so I start to check my rearview mirror to see where he's grabbing. It goes on for a few seconds, he seems to be struggling with something. I start to think this is about to get even more exciting (don't ask why, but that's what went through my head). I open my mouth because it's getting a bit suspicious. "If you pull out a weapon, I will run this car off the road" He stopped rustling. But then he continued, pulling out a snack. It turns out that he didn't

even hear me over the radio, and he won't know I said anything at all until he reads this. So no problems, although I was a little sad that he said he wasn't hungry at the last stop. Next stop was for bathroom and coffee, getting out of the car and I noticed how tall this guy was. I was so surprised, and I'm not confident I could reach the top of his head. The only place that looked like it was for coffee, was Starbucks. So the workers there helped me get something good. I rarely go there, and when I do, I get the feature item. This time, I made Paul get something.

Getting into the last stretch. It's getting dark and starting to rain, and Halo is going on its' fourth play. He must really like it, or is just as unsure to change it as I am. But it was a good driving track, fast and interesting. The rain picks up and we start to get in traffic. As my wipers go faster there's a crack. Neither of us know what it is. But my driver side wiper flies off. So the last hour I spend leaning over looking through the passenger side, in moderate traffic and rain. Using his phone we get through Philly and to another Starbucks, where someone is picking him up. We switch my passenger wiper over, and ducktape it on. We get coffee and take a selfie for facebook. Poor guy had to crouch down so far. It really sucks, because I would've loved to explore the city a bit. Being around nine at night, there was probably some cool stuff open. But I had to open in the morning (a restaurant) and it was still another 4 ½ hour drive for me.

The way home wasn't very exciting, I got back between one and two in the morning. Of course I was lectured by my mother and brother when I got home. (I had called them at gas stops, it wasn't as if I disappeared that afternoon) But going to work was more. My managers and coworkers all said I was crazy, or stupid. One asked what this guy could possibly say to get me to go. EAST, just EAST. The look on her face was priceless. They asked me what Paul was doing, and about his life, I didn't have a lot of answers, because like I mentioned, I'm not good with idle chit-chat. But I told them the gist about hitchhike the show. I was teased for a couple weeks, all in good fun though. Even months later, I still get the occasional comment, usually when someone needs to go on a long drive, or when they mention Uber drivers.

> Even though it was about a nine hour drive for me, and I had to work all day, the following day, this was an experience I'm glad for, and it was exactly the little adventure I needed to spice it up. But I really wished I would've had time to explore the city, and I'm glad I was able to be a part of his adventure too.

Ich reparierte noch schnell Lauras Scheibenwischer, der während der Fahrt abgebrochen war. Mein Panzertape hatte doch noch einen Nutzen. Mit klarer Sicht machte sie sich auf den Rückweg nach Pittsburgh und ich machte es mir im Starbucks gemütlich. Instagram und Facebook brauchten Aufmerksamkeit. Am Morgen wurde der FOX News Chicago Bericht ausgestrahlt. Die hatten sogar von meiner kaputten Hose mitbekommen und der Reporter Jake Hamilton erzählte von meinem Problem. In der Facebook Gruppe von Gary trudelten auch immer mehr Reaktionen ein. Ich war zufrieden mit allem wie es lief. Ich war bereit für das Finale. Ich war bereit für New York City.

PHILADELPHIA

Randy hatte meine Anfrage auf *Couchsurfing* beantwortet und nahm mich für die nächsten zwei Nächte bei sich auf. Er wohnte im Stadtzentrum in einer WG mit ein paar anderen Jungs. Im Wohnzimmer stand eine Couch, auf der ich mich breitmachen konnte. Seit früh am Morgen war ich nun fast durchgehend auf den Beinen. Ich war fix und alle vom Tag. Randy hatte selbst auch noch etwas zu tun und ich legte mich ins Bett. Für den nächsten Tag, Tag 31, stand ein ereignisreicher Tag mit meinem vierten TV Interview und meinem ersten Radiobeitrag an.

Wir konnten ausschlafen. Für 11:00 Uhr hatte ich mich mit der Fernseh-Crew von CBS Philadelphia verabredet. Randy entschied sich kurzerhand mitzukommen und meldete sich krank. Der Nachteil daran, er konnte sich nicht filmen lassen. Damit hätte er theoretisch auffliegen können. Zu Fuß ging es zu dem kleinen Stadtpark ein paar Blocks weiter. Zu Fuß mit meinem kompletten Equipment. Das wollten die

TV-Stations immer mit im Bild haben. Außer Atem am Park angekommen, stellte ich mich an eine Mauer um meinen Backpack abzusetzen. In diesem Moment kam auch schon der Reporter auf uns zu. Ein Mann Ende 40 mit einem breiten Grinsen im Gesicht. Von der ersten Sekunde an war der komplett aus dem Häuschen und von meiner Story begeistert. Der drehte komplett ab mit Ideen für unseren Beitrag, sodass ich ihn teilweise zurückhalten musste, nicht eine eigene Version der Geschichte zu erfinden. Wir drehten verschiedene Szenen an mehreren für die Stadt bekannten Orten und endeten an der Stelle, an der vor ein paar Jahren ein trampender Roboter den Geist aufgab. Die Story des Tramp Roboters wurde damals in den Medien aufgegriffen und der Reporter verknüpfte meine Story mit der von damals. Es handelte sich um ein Experiment, bei dem ein Roboter versuchte um die Welt zu reisen. Jeder der den Roboter irgendwo stehen sah, konnte ihn mitnehmen und zu seinem Ziel verhelfen. In Philadelphia endete die Reise, als er völlig demoliert durch Unbekannte am Straßenrand lag. Ich hatte selbst die Idee für eine kleine geschauspielerte Szene, in der ich meine Trauer über den Tod vom Roboter zeigte und mich als den Helden, der die Reise zu Ende brachte, beschrieb.

Die Szene wurde grauenvoll, wie ich später im Fernsehen sehen konnte. Alles was künstlich ist, wirkt nicht und ist lächerlich. Das hatte ich aus der Sache gelernt. Als alle Szenen im Kasten waren, interviewte mich der Reporter noch schnell für eine Radioshow, für die er ebenfalls zuständig war und unsere Wege trennten sich wieder.

ROCKY BALBOA

Zusammen mit Randy ging es quer durch die Stadt. Er hatte vor mir schon viele andere Reisende aufgenommen und dadurch viele Stadttouren hinter sich. Der kannte sich wirklich aus. Da wir beide langsam Hunger bekamen, gingen wir zuerst in einen riesigen Indoor Markt. Der Markt war so groß wie eine Messehalle. Unzählige Stände mit Kleinkram zum Essen. Wir verdrückten jeweils eine Art Fleischkäsebrötchen und holten uns Donuts aus einer Ablage mit unzähligen Variationen. Der Magen war voll und wir hatten noch einiges an Fußmarsch vor uns. Mein Gepäck legten wir bei Randy ab und er führte mich durch den historischen Teil der Stadt. In den meisten Städten, die ich in den USA gesehen hatte, gab es fast nur moderne Gebäude. Nichts Altes mit Herz. In Philadelphia war das anders. Wohin das Auge reichte, standen große alte Bauwerke. Randy wusste nicht nur wo es etwas zu sehen gab, wie ein Tourguide konnte er mir sogar alle möglichen Hintergrundinformationen liefern. Eine besondere Sache wollte er mir noch zeigen. Wir gingen bis zum anderen Ende der Stadt. Kamen an einem Skatepark und einer Art Skulpturenpark vorbei. Wir waren da. Vor uns befand sich eine lange Treppe, an deren Ende ein kleines Gebäude stand. Randy fragte mich, ob ich die Treppen erkennen würde. Treppen erkennen? Was wollte der von mir? Er löste die Situation auf. An dieser Stelle wurde Rocky Balboa mit Sylvester Stallone gedreht. Ich stand auf den berühmten Rocky Stufen und hatte keine Ahnung. Das war der gleiche Moment wie in Chicago, als ich plötzlich die Bohne vor der Nase hatte, nur, dass ich die nicht übersehen hatte. Kleine Ereignisse wie diese freuten mich und Randy und ich setzten uns oben auf die Treppen und schauten auf die Stadt. Mit einem Panoramablick ohne Bauwerke, die die Sicht versperren konnten, hatten wir die komplette Sicht über Philadelphia. Wir unterhielten uns für eine Zeit und Randy nahm ein kurzes Video von mir auf. Jeden seiner Gäste bat er, eine Videobotschaft mit seinen Eindrücken der jeweiligen Reise zu hinterlassen. Alle Videos, die er über die Jahre schon gesammelt hatte und die noch dazu kommen werden, will er irgendwann zu einem großen Video zusammenschneiden und veröffentlichen. Ich bin gespannt!

TV und Radio waren eingetütet, wir hatten uns den Tag die Füße platt gelaufen und machten uns auf den Heimweg. Mein letzter Tag stand an. Den durfte ich nicht verkacken und plante das erste Mal seit einem Monat den nächsten Tag. Einen guten Spot zum Trampen wollte ich nicht dem Zufall überlassen, einen Plan B falls alle Stricke reißen sollten, wollte ich ebenfalls haben und mein Pappschild brauchte einen neuen Slogan. Auf Google Maps schaute ich mir die Gegend an und Randy bot mir an, mich am nächsten Morgen über den Delaware River in New Jersey abzusetzen. Dort war ich nicht direkt in der Innenstadt und es gab ein paar Autobahnauffahrten, die vielversprechend aussahen. New York City lag nur noch knappe 160 Kilometer entfernt. Ein Katzensprung also. Als Backup Plan schaute ich mir den Fußweg bis New York City an. 30 Stunden, das war zu lange. Mit dem Fahrrad dauerte es nur gut acht Stunden. Im Ernstfall wusste ich, was zu tun war. Als Letztes widmete ich mich meinem Pappschild. Seit Seattle war ich mit dem gleichen Schild aus Mark Souders Weingeschäft unterwegs. Eine Seite war noch frei und in fetten schwarzen Buchstaben schrieb ich N Y C auf das Schild. Das finale Ticket. Mein Backpack war gepackt. Ich war bereit.

Meine letzte Nacht auf meinem Weg stand noch aus und dann sollte der Moment der Wahrheit kommen. Schaffte ich es in 32 Tagen komplett ohne Geld von Vancouver nach New York City? Was würde aus der Gary Nummer werden? In Bezug auf die beiden Fragen sollte am nächsten Tag Licht ins Dunkle kommen. Voller Neugier auf den nächsten Tag legte ich mich auf die Couch und schlief ein.

– KAPITEL 13 –

NEW YORK

DER COUNTDOWN LÄUFT

Der Wetterbericht zeigte Regen für den ganzen Tag an. Draußen war der Himmel düster. Noch regnete es nicht. Sollte der letzte Tag der unangenehmste werden? In den vergangenen vier Wochen hatte ich unglaubliches Glück mit dem Wetter und war nicht einmal nass geworden.

Es war gegen sieben Uhr am Morgen von Tag 32 - dem finalen Tag meiner Reise. In weniger als 17 Stunden musste ich meinen Fuß auf New York City gesetzt haben. Der Countdown lief! Mein Rucksack war gepackt, das Pappschild mit der Aufschrift N Y C lag bereit. Randy setzte mich in New Jersey am Nordeingang von Highway 295 ab, der bis nach New York City führte. Knapp zwei Stunden Fahrt und 150 Kilometer trennten mich nur noch von meinem persönlichen Mekka, auf das ich seit einem Monat zusteuerte. Ich stand an einer viel befahrenen Hauptstraße, die zurück nach Philadelphia Downtown führte und von der man auch auf den Highway abbiegen konnte. Hinter mir war eine große Tankstelle. Der Berufsverkehr brummte. Die meisten Autos, die vorbeifuhren, waren lokal unterwegs. Das dachte ich mir und konnte es an den Nummernschildern sehr gut sehen. Das half ungemein bei der Selektion und Bewertung, welchen Autos man besonders hohe Aufmerksamkeit schenken musste. Autos aus dem Bundesstaat New York hatten 200%

meiner Aufmerksamkeit. Noch hatte ich Glück mit dem Wetter. Es war frisch, Regen gab es aber noch immer keinen. Ich drückte mir selbst die Daumen, trocken durch den Tag zu kommen und nahm Stellung ein. Unmengen an Autos fuhren langsam im sich stauenden Verkehr an mir vorbei. Mit einer Frau nahm ich kurzen Augenkontakt auf. Später schickte sie mir eine Nachricht auf Facebook, dass sie im Radio von mir gehört hatte und mich erkannt hatte. Der Radiobericht lief an diesem Morgen auf KYW. Wie viele Leute wohl von mir gehört hatten und dabei an mir vorbeifuhren, ohne es zu merken? Ich war voller Energie. Wie ein Laser scannte ich jedes Auto ab. An diesem Tag würde ich es nach New York City schaffen, da bestand kein Zweifel. Über die erste Stunde Warten tat sich nichts. Die Tankstellengäste hatte ich bis dahin komplett ignoriert. Auf einmal hielt eine junge Frau parallel zu mir auf dem Tankfeld an und rief zu mir, „Does your sign say New York City?". Ich rief zurück „Yes! That's what it says!" Sie kam zu mir gelaufen und drückte mir einen Zettel in die Hand „If you can make it to Trenton Station, this ticket will get you to New York City." Ich hatte ein Zugticket nach New York City in der Hand. Konnte das alles etwa schon wieder so geschmiert laufen? Dass ich überhaupt noch jedes Mal überrascht war, wenn sowas passierte. Dummer Junge!

Ich schaute mir das Ticket ganz genau an. Es war an keine Uhrzeit gebunden. Ein normales Einzelticket mit dem ich einfach fahren konnte. Der Zug fuhr von einer Station, die mit dem Auto etwa 40 Minuten entfernt lag. Meinen Plan B, mit dem Fahrrad zu fahren, sollte ich also nicht mehr brauchen. Während ich das Ticket noch ungläubig untersuchte, fiel mir ein Loch im unteren Drittel des Tickets auf. War das Ticket schon entwertet? Warum sollte da sonst ein gestanztes Loch sein. Zu Fuß bis zum Bahnhof zu laufen, nur um dann zu sehen, dass das Ticket wertlos war, hätte nicht nur unglaublich genervt, sondern es hätte mir auch kostbare Zeit geraubt. Kurzerhand googelte ich das für den Zug zuständige Transportunternehmen und rief an um nachzufragen, was es mit dem Loch auf sich hatte. Die erste Frau teilte mir nicht wirklich selbstbewusst mit, dass ein Loch bestimmt für eine Entwertung stehen würde. Ich hasse inkompetente Menschen. Entweder man ist sicher mit dem was man sagt, oder man sagt nichts. Da werde ich kratzbürstig, das hast Du schon bei meinem Start in Vancouver gemerkt, als ich mit der Post telefoniert hatte. Ich wählte die Nummer erneut. Ich brauchte eine verlässliche Aussage. Der nächste Mitarbeiter wusste was er tat. Zwar konnte er mir die Frage nicht direkt beantworten, war sich aber nicht zu schade um dazu zu stehen und legte mich kurz zur Seite. Als er mich aus der Warteschleife holte, gab er mir grünes Licht. Ein einzelnes Loch im unteren Drittel des Tickets ist immer da. Mein Loch war im unteren Drittel und ich hatte einen Freischein nach New York City. Fuck Yeah! Ich hielt inne. Ich war per Anhalter unterwegs. Per Anhalter von Vancouver nach New York City war der Plan. Nicht per Zug. Ich entschied mich das Ticket nur im Notfall zu benutzen und den letzten Tag mit allem Guten und Schlechten an der Art des Reisens mitzunehmen und die letzten Eindrücke auf meinem Weg aufzusaugen.

Für zehn Minuten jedenfalls. Dann rollte nämlich ein ernstzunehmendes Problem auf mich zu. Die Polizei fuhr mit Blaulicht vor und parkte direkt vor mir. Die waren nicht zum Tanken da. Insgeheim hatte ich seit Beginn der Reise darauf gehofft, von Cops angehalten und vielleicht sogar für eine Nacht verhaftet zu werden. Das wäre eine coole Story geworden! Für den letzten Tag konnte das allerdings mein Todesurteil sein. Der Polizist kam auf mich zu und stellte mir ein paar Fragen. Wo ich herkam. Wie ich hieß. Was ich vorhatte. Der Typ war cool und machte einfach nur seinen Job. Egal wie cool er war, reisen per Anhalter war in New Jersey verboten und er musste mich auffordern weiter zu ziehen. So leicht gab ich mich nicht geschlagen. Ich erzählte ihm davon, dass ich ein Zugticket hatte und es nur bis zur Trenton Station schaffen müsste. Es war höchste Zeit für Plan B und ich fragte den Cop ob er mich nicht einfach mitnehmen könnte. So hatte er seinen Job gemacht und das Problem aus der Welt geschafft und ich musste keine 50 Kilometer mit voll beladenem Gepäck bis zum Bahnhof laufen. Er nickte und ich sprang auf die Rückbank. In Amerika weht ein anderer Wind, was das Polizei Thema betrifft. Die Rückbank war komplett aus Hartplastik gebaut, damit man Flüssigkeit, Körperflüssigkeiten oder Blut ohne Probleme wegwischen konnte. Zwischen mir und dem Polizisten befand sich eine dicke Plexiglasscheibe. Wir konnten nur über einen Lautsprecher miteinander sprechen. Die Scheiben waren vergittert, die Türen verriegelt. Per Anhalter mit einem Ami Bullen unterwegs. Auch eine gute Story! Ich bedankte mich bei meinem Fahrer und sagte etwas wie, „So it's not true that US cops suck!" (zu Deutsch: „Es stimmt also doch nicht, dass US Polizisten alle scheiße sind!"). Er antwortete trocken, „Well, most actually do" (zu Deutsch: „Ach, die meisten schon"). Der war gut drauf und wir verstanden uns. Auf der Fahrt zum Bahnhof ließ er noch ein paar Routinechecks über mich laufen und überprüfte, ob ich vorher schon mal aufgefallen oder ein gesuchter Verbrecher war. Meine Weste war rein und er setzte mich am Bahnhof ab. Bis zu der Station, zu der ich eigentlich musste, konnte er mich nicht fahren. Er sagte aber, dass ein Zug von dem Bahnhof zu meinem Bahnhof fahren würde. Mein Ticket galt zwar erst ab der Zwischenstation, ein polizeilich unterstütztes Schwarzfahren konnte ich aber nicht ausschlagen.

Mit allen Mitteln versuchte ich ein Selfie mit dem Polizisten zu kriegen, aber er konnte nicht ja sagen. Wäre das Foto öffentlich sichtbar gewesen, hätte er Ärger bekommen. Ganz legal war unsere kleine Spritztour bestimmt nicht. Als kleine Entschädigung durfte ich ein Foto vor dem Polizeiwagen machen, solange man die aufgedruckte Dienstwagennummer nicht sehen konnte. Bild im Kasten, Paul am Bahnhof. Was für ein geiler letzter Tag das schon war. Die nächste Bahn zu dem Bahnhof, an dem der Zug nach New York City fahren sollte, kam nach einer guten halben Stunde. Ich setzte mich auf einen Fensterplatz und schaute mir die Gegend an. Ein Schaffner kam ins Abteil und ging als erstes zu mir. „Tickets please", hieß es von ihm. Jetzt war Fingerspitzengefühl gefragt. Ehrlichkeit funktioniert am besten und so erklärte ich ihm meine Situation. Dass ich als Reisender per Anhalter von Vancouver nach New York City unterwegs war und ein Polizist mich zum Bahnhof gefahren hatte und sagte, ich solle von dort einen Zug zu der Station nehmen, ab der ich ein Ticket hatte. Mein Ticket zeigte ich dem Schaffner und ohne weitere Fragen zog er weiter. In Deutschland hätte mir diese Story zum einen niemand abgekauft und zum anderen wäre es jedem deutschen Schaffner schnurzegal gewesen, was irgendein popliger Polizist angeblich gesagt hätte. Hier kam es mir zum Vorteil, dass die amerikanische Polizei eine hohe Autorität bei den Bürgern genoss.

Für einen Plan B lief alles ausgesprochen gut. Angekommen an der Trenton Station, ging ich fokussiert mit einem Tunnelblick durch die Gänge des Bahnhofs und suchte eine Anzeigetafel, an der mein Zug nach New York City angekündigt wurde. Noch eine knappe Stunde musste ich warten und ich saß im Zug Richtung Penn Station, New York City. In einem Viererabteil legte ich mein Gepäck ab und ließ mich in einen der weichen Sitze sinken. Immer wenn ich per Flugzeug reise, bin ich auf den letzten Drücker unterwegs und habe vorher meist noch unglaublich viel zu erledigen. In einem Rausch von Schlaflosigkeit und einer kompletten Reizüberflutung durch tausend Sachen, die in meinem Kopf rumschwirren, sinke ich dann im Flugzeug in den Sitz und die Zeit vergeht in Slow Motion, während ich den Wahnsinn dieser Welt an meinem inneren Auge vorbeiziehen lasse. Genau so ging es mir in diesem Moment. 32 Tage voller Eindrücke, neuer Bekanntschaften, zuvor nicht gesehener Orte und neuer Erkenntnisse prasselten wie ein Regen auf mich ein, während ich aus dem Fenster schaute und wusste, ich hatte es geschafft.

Den New York City Teil meines Vorhabens zumindest. Viel mehr Kopfzerbrechen bereitete mir das Erreichen des Ziels, in die *#AskGaryVee Show* zu kommen. Das war die wahre Mammutaufgabe dieses Trips. Das stellte mich wirklich vor eine Herausforderung. Ich hatte mir vorgenommen, Gary nicht direkt zu kontaktieren und zu fragen, ob ich in die Show durfte. In sein Office spazieren und mir spontan etwas einfallen lassen war der Plan. Jetzt wo ich wusste, dass ich auf seinem Radar war, entschied ich mich jedoch, ihm eine E-Mail an gary@vaynermedia.com zu schicken, um mich anzukündigen und sicher zu gehen, dass er überhaupt in der Stadt war. Die E-Mail-Adresse gab Gary an allen möglichen Stellen öffentlich bekannt. Da mussten täglich hunderte E-Mails reinflattern. Dass meine Nachricht überhaupt gelesen werden würde, war unwahrscheinlich. In meiner E-Mail bedankte ich mich für die Erwähnung meiner Reise in seinem Hörbuch, verfluchte ihn im Nebensatz gleichzeitig dafür, weil die spielerische Spannung darüber, ob er von mir wusste oder nicht, dadurch genommen wurde und fragte, ob er am nächsten Tag im Büro sei. Ich verdrückte die letzten Snacks, die ich noch von Michael und Juliette aus Pittsburgh dabeihatte und schaute aus dem Fenster, durch das sich langsam die Skyline von New York City vor mir aufbaute. Das Gefühl war unbeschreiblich. Wie ein Napoleon der neues Land entdeckte, fühlte es sich an. Als stünde ich kurz vor dem Erklimmen einer Bergspitze. Diese Stadt hatte eine unglaubliche Wirkung auf mich, ohne dass ich überhaupt etwas im Detail über sie wusste. Ich wusste, dass die Stadt pulsierte. Das reichte.

Gegen 15 Uhr am 03. Februar 2016 stoppte mein Zug im Untergrund der Penn Station. Über eine Rolltreppe fuhr ich dem Licht entgegen und setzte meinen Fuß auf den Boden New Yorks. Ich hatte es geschafft. 32 Tage. 6400 Kilometer. Ohne Geld. Ich war in New York City. Unglaublich war das Gefühl. Genauso unglaublich war, dass mich diese Stadt mit strömendem Regen begrüßte. Über die Uber App buchte ich mir einen Fahrer, der mich zu Kevin Barnes bringen sollte, meinem Gastgeber für die nächsten Tage. Ich durfte wieder Geld ausgeben und die Fahrt kostete mich 28 Dollar. „28 Dollar?", dachte ich mir. Ich war gerade 6400 Kilometer gereist, ohne einen Cent auszugeben und sollte nun für 13 Kilometer 28 Dollar ausgeben? Ich musste lachen und war scheinbar zurück in der Realität angekommen.

SPEED DATING MIT GARY

Meine erste Nacht in New York City verbrachte ich bei Kevin Barnes. Er lebte in Upper Manhattan in einem Wohnkomplex, in dem er sich zwei übereinanderliegende Wohnungen zu einer zusammenfügte. Als Architekt war die große Wohnung sehr bedacht konstruiert und mit angenehmen Materialien und Farben eingerichtet. Viel Holz benutzte er, viel Raum gab es. Es herrschte ein sehr angenehmes Wohngefühl. Vor meiner Ankunft in New York City hatte ich mir über *Couchsurfing* schon Unterkünfte für die nächsten Wochen organisiert. Insgesamt hatte ich 22 Tage in der Stadt, bis es zurück nach Deutschland gehen sollte. Nach 32 Tagen auf Tour war es mir wichtig Raum für mich zu haben. Ich schaute also gezielt nach Gastgebern mit eigenem Zimmer für den Gast.

Insgesamt sagte ich vier Gastgebern für meinen Aufenthalt zu. Alle waren sehr interessante Persönlichkeiten. Vom Architekten über einen Mitarbeiter bei der UN, über eine Polin, die in New York City den Spaß ihres Lebens hatte, bis zu meinem letzten Gastgeber, einem Model Fotografen, der auf einer Luxusyacht auf dem Hudson River mit Blick auf die New Yorker Skyline lebte. Die Unterkünfte waren eingetütet. Jetzt kam der letzte Part, der bei mir für schlaflose Nächte sorgte. Gary treffen und in seine Show kommen. Garys Assistent Matthew hatte mir zwischenzeitlich auf meine E-Mail geantwortet. *Paul, Lets set something up for Thursday? Thanks, Matt*, war der Inhalt seiner Nachricht. Als Antwort schlug ich, um einen handfesten Termin zu haben, 10 Uhr vor. Eine Bestätigung der Uhrzeit kam nicht. Antwort hin oder her. Ich hatte mein Ziel vor Augen und eine bestätigte, oder nicht bestätigte Uhrzeit, sollte mich nicht davon abhalten. Ich googelte die Adresse der Firmenzentrale von *VaynerMedia*, Garys Unternehmen, und fuhr mit der Bahn los. Auf der Fahrt überlegte ich, ob ich wohl so einfach in das Gebäude reinkommen würde. Von meinem Job bei der Lufthansa kannte ich es so, dass man nur mit einer scanbaren Karte an der Pforte vorbeikam. Immerhin wusste ich, dass ich mehr oder weniger erwartet wurde. Um kurz vor zehn kam ich bei dem Gebäude an, welches Google Maps mir ausgespuckt hatte. Ein großes Gebäude mitten in der Stadt. Als Block auf einer Ecke gelegen.

Ich ging durch den Haupteingang. Direkt hinter der Glastür war eine Pforte mit einer Frau, die ein Auge auf die herein- und herausgehenden Personen warf. Ich sagte ihr, dass ich einen Termin mit Gary Vaynerchuk bei *VaynerMedia* hatte. Sie fragte nach meinem Namen und wollte meinen Ausweis sehen. Ich durfte weitergehen. Die Pforte war überwunden. Die war jedoch für das ganze Gebäude zuständig. *VaynerMedia* belegte nur ein paar Etagen in diesem Komplex. Der 16. Stock war mein Ziel. Das hatte ich in den unzähligen YouTube Videos aufgeschnappt, die ich von Gary gesehen hatte. Bis dahin war ich recht entspannt. Als ich im Aufzug die Zahlen eins und sechs auf dem Touchscreen eintippte und nach oben fuhr, stieg die Aufregung mit jeder Etage, die ich näher an *VaynerMedia* kam. Pling. Die Aufzugtür ging auf. Vor mir die markante grüne Wand mit verschiedenen Sprüchen und dem riesigen *VaynerMedia* Schriftzug, die ich auch schon aus Videos kannte. Ich ging aufgeregt den Flur entlang, weg von den Aufzügen bis zum eigentlichen Großraumbüro. Mein konzentrierter Blick saugte alles auf, was ich wahrnehmen konnte. Da stand ich inmitten des Büros, in das ich seit über einem Monat meinen Fuß setzen wollte. Links von mir waren an langen Tischen Arbeitsplätze, an denen verschiedenste Personen ihrem Job nachgingen. Direkt vor mir befand sich ein Glaskastenbüro. Das musste der Raum sein, in dem die *#AskGaryVee Show* gedreht wurde. Der Holztisch war der gleiche. Das Glas passte. Die Requisiten im Hintergrund kamen mir bekannt vor. Ich stand vor einem Tisch, an dem eine junge Frau saß. Sie war für den Empfang bei *VaynerMedia* zuständig. Ich stellte mich vor und sagte, ich wäre dort um Gary zu sprechen. Ich war gespannt was passierte. Ob sie mich ungläubig rausschmeißen würde. Ob ich mich ausweisen müsste. Ob sie mir sagen würde, sie könne keinen Termin sehen. Meine Anspannung und Aufregung vor dem was passieren würde stieg. Die junge Frau war ganz locker drauf und sagte mir, dass Gary nicht da sei. Mist. Meine E-Mail hatte wohl noch keiner gelesen, bzw. eine Antwort auf meinen Vorschlag von zehn Uhr blieb noch aus. Gegen 14 Uhr sollte er wiederkommen. Ich entschied mich für die Zeit in die Stadt zu gehen und merkte im Aufzug auf dem Weg nach unten, dass ich so langsam auch mal wieder einen neuen Haarschnitt vertragen konnte. Mit kurz rasierten Seiten, sah meine Frisur nach meinem letzten Schnitt vor zwei Wochen in Sacramento zerzaust aus. Direkt neben *VaynerMedias* Büro war ein Friseur, der einen Termin frei hatte.

Über die nächsten zwei Stunden ließ ich mich optisch auf Vordermann bringen, ging in ein Café um die Ecke und stand pünktlich um 14 Uhr wieder vor der jungen Frau im 16. Stock. Gary war immer noch nicht da. Sie zeigte auf die Sitzecke hinter sich und ich setzte mich. Früher oder später würde er auftauchen und durch den Flur von den Aufzügen genau auf mich zu laufen. Diesen Moment durfte ich nicht verpassen und wenn ich drei Tage hätte warten müssen. Ich hatte ein Ziel vor Augen und das galt es zu treffen. Ich hatte Zeit und schaute mich um. Immer mehr bekannte Gesichter fielen mir aus Garys Videos auf. Immer wieder wurden ein paar seiner Mitarbeiter vorgestellt. Die gab es tatsächlich. Kein Fake. Es fühlte sich unwirklich an, mitten im Geschehen zu sitzen. Als ob man plötzlich am Filmset von Harry Potter sitzen würde und um sich Besen herumfliegen sehen würde. Ich unterhielt mich mit der jungen Frau. Sie gab mir Wasser. Immer wieder setzten sich andere Gäste auf dem Sofa neben mich und wir unterhielten uns kurz. Die hatten alle einen echten Termin. Mitarbeiter setzten sich auch kurz auf das Sofa und wir wechselten ein paar Worte. Gary ließ auf sich warten. Die Wartezeit und das ständige Gucken in Richtung Flur ließen meine Aufregung nicht kleiner werden. Ich musste aufs Klo.

Zurück auf dem Sofa, unterhielt ich mich weiter mit der Frau am

NEW YORK

Empfang. Zack. Gary Vaynerchuk trat durch den Flur in das Büro. Das eben noch so entspannte Gespräch brach abrupt ab und ich richtete meine volle Aufmerksamkeit auf Gary. Geraden Schrittes kam er in meine Richtung. Ich stand auf, hielt ihm meine Hand hin und stellte mich als Paul, der Reisende per Anhalter, vor. Er wusste direkt wer ich war und gratulierte mir, dass ich es geschafft hatte. Viele gratulierten mir dazu, dass ich es geschafft hatte, als ich in New York City angekommen war. Von meinem Gefühl her hatte ich noch nichts geschafft. Das große Ziel, die *#AskGaryVee Show*, stand noch bevor. Gary war kurz angebunden und musste in ein Meeting und versprach, in ein paar Minuten wieder da zu sein. Voller Euphorie saß ich wieder auf der Couch und unterhielt mich mit jedem, der sich neben mich setzte. Jetzt kamen auch verschiedene Personen aus Garys Team direkt zu mir, die mitbekommen hatten, dass ich da war. Auf Instagram und Facebook hatten sie von meiner Reise mitbekommen und waren selbst interessiert, wer dieser Typ wohl war. DRock, der Kameramann von Gary, kam zu mir. Matthew, Garys Assistent, mit dem ich in E-Mail-Kontakt stand, kam zu mir und Alexander, den ich aus verschiedenen Videos wiedererkannte, setzte sich auch dazu. Aus den paar Minuten wurde eine Ewigkeit. So langsam hatte ich mich satt gesehen am Büro und Gesprächspartner gab es keine mehr auf der Couch. Nach gefühlten zwei Stunden kam Matthew zu mir und sagte, Gary sei gegangen. „Was?!", dachte ich mir. „Gary ist gegangen?". Aus Euphorie wurde Ernüchterung. Matthew sprach weiter und sagte mir, dass Gary mich jedoch treffen wollte. Das klang schon besser. Gary hatte einen Termin in der Stadt. Matthew schickte mir eine SMS mit der Adresse und einer Uhrzeit, zu der ich Gary dort finden sollte. In dem vollgepackten Terminkalender bekam ich den Zeitslot zwischen dem Termin, in dem er gerade war und seinem nächsten. In den paar Minuten, die Gary hatte, um von Termin A nach Termin B zu kommen, sollte ich Zeit mit ihm haben. Zeit, um mir ein Ticket als Gast für die *#AskGaryVee Show* zu organisieren.

Ich ging, wie mit Matthew vereinbart, zu dem Treffpunkt und schickte DRock, der meine Nummer von Matthew hatte und mich angeschrieben hatte, eine SMS, dass ich im Foyer sei. Gary und DRock kamen aus dem Inneren des Gebäudes zu mir. Wie vertraute Freunde schlugen wir ein, umarmten uns und gingen auf die Straße. DRock filmte alles, was er beobachten konnte. Er hatte den Job, Garys Leben für die Nachwelt zu dokumentieren. Er lief entweder neben uns oder weit vor uns, um Gary im Bild zu haben. Während wir durch die Straßen von New York City gingen, war Gary zu Beginn in diversen Telefonaten versunken, bis er das Telefon wegsteckte und mich fragte, wer ich sei. Damit wollte er wissen, was mich bewegte, warum ich 6400 Kilometer zu ihm gereist war, was meine Ziele waren und was ich eigentlich von ihm wollte. Ich stammelte ein paar Antworten raus und merkte erst später, als ich den VLog von Gary (DayliVee Episode 13) gesehen hatte, dass ich mich seit dem Moment in seinem Büro wie ein 13-Jähriges Teenie Mädchen verhielt, dass Justin Bieber treffen durfte. Ich brachte kaum einen geraden Satz raus und war völlig mit der Situation überfordert. Ich erkannte mich selbst nicht wieder. Noch nie war ich in meinem Leben wegen einem anderen Menschen dermaßen aufgeregt und neben der Spur. Ich erklärte mir das selbst so, dass sich in den 32 Tagen, in denen ich auf diesen Moment hingearbeitet habe, einen scheinbar unerreichbaren Menschen zu treffen, so viel Aufregung und Vorfreude auf das Ziel aufgebaut hatte, dass sich alles in diesem Moment des Höhepunktes entlud. Gerne wäre ich der abgeklärte Typ gewesen, der Gary in diesem Moment mit schlauen Worten hätte imponieren können. Das wäre jedoch gelogen.

Ich war ein 13-Jähriger Justin Bieber Fan. Drei gute Dinge brachte unser Treffen jedoch hervor. Das erste war eine Weisheit von Gary, die mich die Dinge von einem anderen Blickwinkel betrachten lässt und mich motiviert genau das weiter zu machen, was ich mache. Auf die Frage was ich mache, erzählte ich ihm von meinem sehr gut laufenden Möbel Startup Revive Interior. Als ich merkte, die Worte „sehr gut laufenden" benutzt zu haben, ruderte ich zurück und relativierte meine Aussage. Ich spielte mich und meine Firma vor dem 100 Millionen Dollar Imperium von Gary herunter und sagte etwas wie, im Vergleich zu dem was er geleistet habe, wäre es eine nicht sehr gut laufende Firma. Seine Reaktion darauf war, dass jedes junge Unternehmen, welches Gewinn abwirft, ein großartiger Erfolg sei. Hinterher gab er Facebook als Beispiel, welches in den ersten Jahren keinen Cent, sondern Schulden verursacht hatte und heute eine der erfolgreichste Firmen der Welt ist. Als Lehre daraus konnte ich ziehen, dass man niemals sein Level drei mit dem Level 50 eines anderen vergleichen sollte, um sich selbst weniger wertvoll zu fühlen. Die nächsten Level mussten einfach noch durchlebt werden.

Das zweite Gute war das Wichtigste. Gary fragte mich, ob er etwas für mich tun konnte. Und wie er das konnte. Ich sagte ihm, dass das Treffen und seine Weisheiten schön und gut wären, ich aber, wie er bereits wusste hier war, um in seine *#AskGaryVee Show* zu kommen. Er dachte kurz nach und stimmte zu. Wichtig war ihm nur, dass wir keine Bewegung lostreten würden, bei der etliche Nachahmer bei ihm im Büro auftauchen würden, die in seine Show wollten. Alles kein Problem für mich. Ich hatte offiziell von Gary die Zusage erhalten, in seine Show zu kommen. Fuck yeah!

Der dritte Punkt war ein weiterer Ratschlag. Nachdem ich Gary ein wenig von meiner Reise erzählt hatte, meinte er ganz beiläufig, ich solle doch ein Buch darüber schreiben. Wie absurd, dass ich diesen Ratschlag ein knappes Jahr später in diesem Buch niederschreibe. Wir waren bei Garys nächstem Termin angekommen. Bevor er weiter musste, machte ich noch ein Selfie mit ihm und unsere Wege trennten sich wieder.

Was für ein aufregendes Erlebnis dieser Tag für mich war. Gary stellte sich als noch viel angenehmeren Menschen heraus, als ich ihn zuvor wahrgenommen hatte. Jeder, der dieses Buch liest und sich ein Video von ihm ansieht, wird ihn zunächst als sehr lauten Menschen wahrnehmen. Wahrscheinlich mit dem negativen Beigeschmack, dass er aus Egoismus bestehe, machtgeil sei und ein gefühlsloser Kapitalist. Sobald man hinter diese Fassade blickt, merkt man jedoch, wie extrem emphatisch und bodenständig dieser Mensch ist. Ein rundum angenehmer Genosse, der als einer der wenigen erfolgreichen Unternehmer, die ich kenne, gleichzeitig auf Menschlichkeit fokussiert ist. Es stand fest: In die *#AskGaryVee Show* würde ich kommen. Glücklich mit dem Verlauf des Tages, schaute ich mir die Stadt genauer an, fuhr zum Times Square und machte unzählige Fotos. Unter anderem eins mit dem Apfel, den Siavash mir in Seattle gegeben hatte und setzte einen Slogan über das Foto *Small Apple Goes Big Apple*. Mein kleiner Begleiter war tatsächlich die komplette Strecke unversehrt mitgereist.

MEINE FRAGE AN GARY

Am Tag nach meinem Treffen mit Gary, schickte ich ihm eine E-Mail, in der ich mich für seine Offenheit bedankte. Als kleine Erinnerung an seine Zusage, mich in die Show einzuladen, schrieb ich noch, dass ich mich auf das nächste Treffen freute. Zwölf Stunden später bekam ich eine Antwort von Gary selbst: *I will let Paul on for 4 min let's book for next AskGaryVee.* Sein Kameramann DRock und sein Assistent Matthew waren in CC gesetzt. Drei Tage später, am 9. Februar 2016, erhielt ich eine neue E-Mail, wieder von seinem Assistenten Matthew, mit dem ich vorher schon in Mail Kontakt stand und den ich im Büro von *Vayner-Media* kurz gesprochen hatte. Kurz und knapp teilte er mir den Termin der nächsten *#AskGaryVee Show* mit. Es war der 15. Februar um 13:15. Der Termin stand fest. Die Show sollte stattfinden und ich würde nach einer Handvoll Gästen wie Casey Neistat der erste Gast aus der Community sein. Jemand völlig Unbekanntes, ohne ein großes, nach außen hin wirksames, Portfolio. Ich schätzte Garys Einladung ungemein und wusste, dass die Eintrittskarte, die ich gerade bekommen hatte, keine Selbstverständlichkeit war.

Mittlerweile war ich von Kevin zu Ela, direkt in die Innenstadt von Lower Manhattan gezogen. An Sehenswürdigkeiten schaute ich mir kaum etwas an. Nach einem vollen Monat an neuen Eindrücken war es angenehm, nicht durchgehend neue Reize in mich aufnehmen zu müssen. Viel mehr als Sehenswürdigkeiten, Broadway Shows oder der überwältigende Anblick des Times Squares brannte mir unter den Nägeln, welche Frage ich genau an Gary in der Show stellen würde. Ich hatte genau eine Frage frei und wusste ganz genau, was mein Ziel war. Seit meinem Start in Vancouver war mir klar, dass ich keine übliche Frage für die Show stellen würde, in der ich nach einem Tipp für mein Unternehmen fragen wollte. Typische Fragen aus der Community waren zum Beispiel, „Ich habe ein junges Startup, welches alte Comiczeitschriften aufkauft und professionell im Netz anbietet. Sollte ich auf allen Social Media Plattformen vertreten sein oder voll auf meinen Auftritt bei eBay setzten?". So eine Frage kam für mich nicht in die Tüte. Ich hatte keine Wissensfrage an Gary. Schon bei meinem Treffen mit ihm, in dem ich ca. 20 Minuten Zeit gehabt hätte ihn mit Fragen zu löchern, gab es nichts, dass mich direkt interessierte.

Ich hatte keine Fragen. Alles, was ich an direkten Tipps brauchen konnte, fand ich in seinen Videos oder durch schnelles Googeln im Netz. Alles, was das Mindset betraf, musste ich mir selbst im alltäglichen Leben beibringen. Das konnte man sich nicht durch die Antwort auf eine Frage aneignen. Jede Wissensfrage, die ich ihm hätte stellen können, wäre eine Alibifrage gewesen, um die Sache sicher und glamourös abzuschließen. Nein, ich wollte mehr aus meiner Chance machen. Mein Ziel war es, ein Praktikum bei ihm zu ergattern, um eine echte Verbindung zu ihm und seinem Team aufzubauen und direkt von ihm, aus seinem praktischen Alltag zu lernen. Mein Projekt war noch nicht beendet. Mein Ziel war niemals die *#AskGaryVee Show*. Mein Ziel war das Praktikum. Wie ich das genau hinkriegen sollte, wusste ich jedoch noch nicht. Ich hatte noch sechs Tage, um meinen Plan auszutüfteln.

DER PLAN

Über die nächsten Tage zermarterte ich mir meinen Kopf darüber, wie ich das Praktikum eintüten könnte. Einfach die Frage nach dem Praktikum zu stellen, erschien mir zu einfach. Wo war da die Aufregung. Meine Idee war es, sofern Gary einschlagen würde, meinen Aufenthalt zu verlängern und für einen Monat bei ihm und *VaynerMedia* zu bleiben. Bei dem Gedanken fiel mir auf einmal auf, dass ich als Tourist in den USA war und unter Umständen ein Arbeitsvisum bräuchte. War mein Plan gescheitert, bevor ich ihn in Angriff nehmen konnte? Ich durchforstete alle möglichen Google Ergebnisse und fand eine Telefonnummer der zuständigen Behörde. Ein kurzes Telefonat brachte Licht ins Dunkle. Ich brauchte ein besonderes Visum. Dieses konnte ich nur beantragen, wenn ich das Land verlassen würde und dann wäre noch die Bearbeitungszeit draufgegangen. Die Nummer konnte ich mir also abschminken. Meinen Aufenthalt in den USA zu verlängern, ergab keinen Sinn. Egal was in der Show passieren sollte, ich würde planmäßig am 22. Februar 2016 zurück nach Deutschland fliegen.

Da kam mir der rettende Einfall. Nach einem Praktikum in ein paar Monaten zu Fragen, ohne einen besseren Grund, als das fehlende Visum zu haben, machte keinen Sinn. Was aber, wenn Gary mich das Praktikum nur antreten lassen würde, wenn ich durch eine spielerische Wette meinen Einsatz erhöhte. Ich hatte selbst schon seit einiger Zeit die Idee, meinen kompletten Trip in einem Buch festzuhalten. Genau diesen Ratschlag gab Gary mir bei unserem Treffen auch. „You should write a book!", sagte er. Daraus schusterte ich mir eine Idee zusammen. Ich wollte ihm einen Deal vorschlagen. Wenn ich es schaffen würde, innerhalb von einem Jahr ein Buch über meine Reise zu veröffentlichen, würde ich für einen Monat einen Praktikumsplatz bei ihm bekommen. Die Idee war perfekt. Die Wartezeit durch das Visum war elegant aus dem Weg geräumt. Gary verpackte ich das Ganze in einem spielerischen Deal und ich bekam die Herausforderung, die ich in all dem Spektakel gesucht hatte.

Der 15. Februar stand kurz bevor und ich ging immer wieder im Kopf durch, wie ich meine Frage genau formulieren würde. Die Show sollte von einigen zehntausend Menschen online gesehen werden. Oft lief ein Live Stream. Das Team von Gary würde mit im Raum sitzen und durch meinen Einsatz ergab sich die Möglichkeit, fürs erste eine tiefere Verbindung zu Gary aufzubauen. Mein Auftritt musste sitzen. Während meines Public Speaking Kurses an der Uni in Vancouver, war das Thema meiner ersten Rede *The moving words of others* und ironischerweise stellte ich Gary vor. In dieser Rede, so ziemlich der ersten meines Lebens, hatte ich einen Texthänger von ca. zehn Sekunden. Alles in meinem Kopf war weg gewesen. Die Situation löste ich zwar souverän, aber das Erlebnis war in meinem Gedächtnis und sollte sich auf keinen Fall in der Show wiederholen. Zwar bekam ich den Rat, nie wieder einen Text Wort für Wort auswendig zu lernen, um in Zukunft nicht in diese Situation zu kommen, das ist jedoch gar nicht so einfach, wenn man gedanklich immer wieder seinen Sprechteil durchgeht. Da lernt man die Worte automatisch auswendig. Um mich nicht zu sehr auf den exakten Ablauf zu versteifen, beherzigte ich einen Rat, den meine Professorin mir gegeben hatte: Die Reihenfolge einer Rede komplett abzuändern und die einzelnen Sinnabschnitte durcheinander zu würfeln. So ging ich gedanklich verschiedene Versionen in verschiedenen Reihenfolgen durch. Sinn der Sache ist, dass, wenn man einen Teil vergisst, man einfach mit einem anderen Baustein weitermachen kann, ohne, dass jemand etwas bemerkt. In der Zwischenzeit fällt einem der fehlende Teil meist wieder ein und die Situation ist gemeistert.

Der 15. Februar kam. Es war Morgen, als ich am Küchentisch bei Ela in Lower Manhattan saß. Meine Frage hatte ich exakt im Kopf. Ich hatte mir alles perfekt zurechtgelegt. Ich musste nur abliefern. Da erinnerte ich mich, wie die Präsenz von Gary und das gesamte Umfeld bei *VaynerMedia* eine Aufregung in mir hervorrief, die mich wie einen 13-Jährigen Bieber Fan wirken ließ. Der Höhepunkt meiner Reise stand bevor. Das Ziel war greifbar. Der finale Schritt musste gegangen werden. Das würde meine Nervosität nicht eindämmen. Nervosität ist Gift, wenn man einen mehr oder weniger auswendig gelernten Text aufsagen will. Als Vorbereitung suchte ich mir ein Bild von Gary bei Google raus und stellte ihm, zu meinem Laptop sprechend, meine Frage. Zack. Beim ersten Versuch kam ich ins Stocken. Alleine vor einem Bildschirm, nur mit seinem Gesicht vor mir. In weniger als einer Stunde sollte die Show starten und ich war am Arsch.

Ich musste mich auf den Weg machen. Mit einem Uber fuhr ich die ca. 20 Minuten zu *VaynerMedia*. Auf der Fahrt öffnete ich mir das Bild von Gary auf meinem Handy und starrte die komplette Autofahrt ununterbrochen in seine Augen. Gedanklich ging ich immer wieder meine Frage durch. Ich musste mich für die kommende Situation sensibilisieren und es so normal und alltäglich werden lassen, dass ich den Typen, der mich wie ein kleines Mädchen aussehen ließ, in wenigen Minuten neben mir sitzen haben sollte. Ich konnte selbst nicht glauben, was da in mir passierte. Noch nie in meinem Leben hatte ich so großen Respekt vor dem, was ein Mensch verkörpert und auf die Beine gestellt hat. Mein Uber war angekommen. Ich ging in das große Gebäude an der bekannten Straßenecke, an der Pforte vorbei und trat in den Aufzug ein. Die Tür ging zu und ich fuhr in den 16. Stock. Mein Herz pochte und ich war so aufgeregt wie nie zuvor.

DIE #ASKGARYVEE SHOW

An dem mir bekannten Empfangspult ging es vorbei bis zu der Sitzecke, in der ich es mir bei meinem letzten Besuch schon bequem gemacht hatte. Matthew begrüßte mich. Von Gary war noch nichts zu sehen. Direkt hinter mir befand sich der Glaskastenraum, in dem die *#AskGaryVee Show* gedreht wird. Über meine Schulter schaute ich mir den Raum genauer an. Ein großer Holztisch stand in der Mitte des Raumes. An der Wand Regale mit allem möglichen Krimskrams. Mehrere Stühle standen schon bereit. Neben Gary und dem Kameramann DRock waren auch immer andere Personen aus Garys Team dabei, die die Show per Livestream auf Facebook, Periscope und anderen Plattformen übertrugen oder Fragen für die Show vorlasen. Einer der Stühle war für mich bereitgestellt. Ich wusste, dass ich nicht über die komplette Show dabei sein würde. Von vier Minuten hatte Gary in seiner Mail gesprochen. Matthew kam zurück. Er erklärte mir, dass die Show ohne mich starten würde und ich mitten drin dazu gerufen werden sollte. Er verfrachtete mich aus der Sofa Ecke an einen der Arbeitsplätze, weiter weg von dem Glaskasten. Mein umherschauender Kopf, der wahrscheinlich durchgehend blöd in die Kamera geguckt hätte, war durch das Glas im Bild sichtbar. Während Gary und sein Team den Glaskasten betraten und die Aufzeichnung starteten, unterhielt ich mich mit den neben mir sitzenden Mitarbeitern bei *VaynerMedia*. Ich musste Reden. So viel es geht Reden. Das sorgte schon immer dafür, dass meine Nervosität kurz vor einem Auftritt zurückging. Ich brachte mich in einen aktiven Modus. Lockerte meinen Mund und meine Gedanken auf.

Die Glastür ging auf. „Paul! Let's go!", rief Gary mir zu. Ich stand auf und ging in seine Richtung. Showtime Baby! Wir schlugen ein, Gary machte einen Witz über meine Größe, als er neben mir stehend bis zu meiner Schulter reichte und ich setzte mich. Mit lockerem Smalltalk ging es los. Ich stellte mich in die Kamera vor und gab ein kurzes Intro zu meiner Reise. Gary stellte mir ein paar Fragen und ich weihte ihn und seine Zuschauer in die Ereignisse der letzten 32 Tage ein. Dass ich noch ein Versprechen einzulösen hatte, hatte ich nicht vergessen. Aus der *Save My Ass GoFundMe* Kampagne schuldete ich Jesse Rosales aus Denver, seinen Namen in der Show unterzubringen. Garys neues Buch, welches er gerade dabei war zu promoten, lag auf dem Tisch. Ich ergriff die Initiative, nahm ein Buch in die Hand und bedankte mich bei allen Zuschauern für ihre Unterstützung auf meinem Weg in die Show, durch ihre unzähligen Kommentare und Verlinkungen. Als Wertschätzung verkündete ich, acht der neuen Bücher von Gary zu kaufen und unter allen zu verlosen, die das Video der Show auf Facebook mit ihren Freunden teilen würde. Ein Buch sprach ich direkt Jesse zu. Wetteinsatz eingelöst, Community glücklich gemacht und für ein bisschen mehr Reichweite für Gary gesorgt. Win-Win für alle.

Gary übernahm das Ruder und zog einen Schlussstrich unter das lockere Geplänkel. „Allright Paul. What's your question?!", fragte er mit betonter Stimme und veränderte die komplette Stimmung im Raum. Ich schaltete auf Automatikbetrieb und rief meine perfekt durchdachte Frage ab. „Über die letzten Monate habe ich viel zu viel Content konsumiert. Egal ob von Dir, Tim Ferris oder Pat Flynn. Viel zu viel, um den Inhalt in Taten umzuwandeln. Aus diesem Grund habe ich mich entschieden, keine typische #AskGaryVee Frage zu stellen, sondern die praktischste Frage, die mir eingefallen ist. Bist Du interessiert daran, mich in einem Jahr, für einen Monat als Praktikant einzustellen? Und um es schwerer für mich und interessanter für Dich zu machen, nur, wenn ich bis dahin Deinen Rat ein Buch zu veröffentlichen umgesetzt habe." Kein Haker. Kein Versprecher. Kein Filmriss. Die Frage war draußen. Ich hatte alles in meiner Macht stehende getan. Ohne eine Sekunde nachzudenken, erwiderte Gary, der mit Blick auf den Holztisch konzentriert zugehört hatte, nur ein Wort „Done." Während er das Wort aussprach wanderte sein Blick nach oben und wir schauten uns in die Augen. Ich reichte ihm meine Hand und während er einschlug entstand aus meiner Anspannung ein breites Grinsen. Ich war der glücklichste Mensch auf der Welt. Ich konnte es nicht glauben. Keine Nachfrage, kein Widerstand, keine Absage. Ein einfaches *Done* und der Deal war eingetütet. All mein Kopfzerbrechen, meine Zweifel, ob ich es wirklich schaffen würde und die Aufregung im letzten Monat der kompletten Reise waren es in diesem Moment wert. Wir hatten einen Deal. Am 15. Februar 2017 musste mein Buch über mein Abenteuer veröffentlicht sein und das Projekt wäre abgeschlossen. Es ist der 05. Januar 2017 während ich diese Zeilen schreibe. Das Buchcover bekommt noch letzte Feinschliffe und ein genauer Schlachtplan bis zur Veröffentlichung in einem Monat ist aufgestellt. New York City, ich bin bereit für Dich!

▶ Hier geht es zur Show: www.hitchhike-the-show.de/AskGaryVee182

WAS DANACH GESCHAH

Nach meinem Besuch in der Show hatte ich noch eine Woche in New York City, die ich auf einer Luxus Yacht auf dem Hudson River verbrachte. Die Location war mit Abstand mein ausgefallenster Fang, den ich über *Couchsurfing* gemacht hatte. So edel Yacht im ersten Moment auch klingen mag, so unpraktisch ist so ein Teil zum Leben in Wirklichkeit. Das Boot wackelt, man hat wenig Platz und bei schlechtem Wetter ist es kalt und nass. Mein Körper meldete sich nach dem *Power Monat* voller Aufregung und neuer Eindrücke und ich wurde krank. Komplett elendig lag ich meine letzten Tage in New York City in meinem Bett auf der Yacht. Mein Körper musste abschalten und Energie tanken.

Am 22. Januar ging es zurück nach Deutschland. Bei meiner Ankunft wartete ein Fernsehteam vom WDR und drehte einen Bericht über meine Erlebnisse. Noch am gleichen Abend war ich als Studiogast für eine Live Übertragung eingeladen. Nach der Ausstrahlung folgten Anfragen von der BILD Zeitung und dem General Anzeiger. Durch die Ausstrahlung der *#AskGaryVee Show* kamen einige Podcasts auf mich zu und fragten Interviews an. Dazu kam die Einladung von Robert Gladitz, bei seiner Awesome People Conference als Interview Gast neben Größen wie Matthew Mockridge und Christian Bischoff dabei zu sein.

Am 03. Januar 2016 war ich mit dem Gedanken gestartet, auf eigene Faust Amerika zu erkunden und eine Challenge für mich selbst zu schaffen. Dabei herumgekommen ist mehr, als ich es mir jemals hätte träumen lassen. Nicht nur, dass alle als unmöglich erscheinende Vorhaben wie am Schnürchen liefen, es kamen auch unzählige, ungeahnte Nebenschauplätze dazu. Die Nachwirkungen der Reise halten selbst ein Jahr später noch an und ich bin unglaublich dankbar für alles, was passiert ist. So wie ich den letzten Post meiner Reise auf Facebook beendet habe, so möchte ich auch dieses Buch abschließen:

Ohne jeden Einzelnen, den ich auf meiner Reise getroffen habe, wäre nichts von dem möglich gewesen, was ich in diesem Buch beschrieben habe. Neue Freundschaften sind entstanden und mir unbekannte Gegenden habe ich erkundet. Ich habe mich selbst besser kennen gelernt und meinen Horizont um 6400 km erweitert. Ihr alle habt dieses Abenteuer für mich möglich gemacht, ich habe es nur nach Hause gefahren. Mit diesem Buch geht die Reise für mich weiter.

Bis bald,
Paul